新农村新农业

U1075502

节能减排100个为什么

张 震 编著

中国出版集团
现代出版社

图书在版编目（CIP）数据

节能减排 100 个为什么 / 张震编著 . — 北京 : 现代出版社 , 2019.9

ISBN 978-7-5143-8152-8

Ⅰ . ①节… Ⅱ . ①张… Ⅲ . ①节能减排—问题解答 Ⅳ . ① F403.3-44

中国版本图书馆 CIP 数据核字（2019）第 195861 号

节能减排 100 个为什么

主　　编　张　震
责任编辑　倪艳霞
出版发行　现代出版社
地　　址　北京市安定门外安华里 504 号
邮政编码　100011
电　　话　010-64267325　64245264（传真）
网　　址　www.1980xd.com
电子邮箱　xiandai@vip.sina.com
印　　刷　三河市华润印刷有限公司
开　　本　787mm × 1092mm　1/16
印　　张　10
版　　次　2019 年 9 月第 1 版　2019 年 9 月第 1 次印刷
书　　号　ISBN 978-7-5143-8152-8
定　　价　20.00 元

前言

改革开放以来，中国的经济飞速发展，人民的生活水平不断提升。中国用二三十年的时间，走过了资本主义国家百年的经济发展历程。可是，高速前进的欣欣向荣景象，无法掩盖空气被污染、能源被浪费的现实。相对的高能耗、高污染和高排放式的发展模式，让我们周围的环境受到了严重的污染，生态平衡也因此遭到破坏。再加上人们生活条件提高，忽略了我们传统文化里勤俭节约的良好美德，在肆意追逐浮华享受的过程中浪费着有限的资源，破坏着我们赖以生存的地球环境。

其实，资源浪费和环境污染是全球性的问题，是世界性的普遍现象。根据权威部门的数据显示，全球每年要排放达 6 亿吨的有害气体；按照现在的水土流失和腐蚀的速度，到下世纪中叶，全球会有将近 1/3 的土壤面临沙漠化威胁，有 60 多个国家会遭受灭顶之灾。这些数据是触目惊心的，是生活在安乐氛围下的我们无法想象的。所以，我们不能只顾享受当下的安逸生活，对后代子孙不管不顾，这无法解决任何实际问题，我们有责任为子孙后代营造出一个处处鸟语花香的美丽家园。

对此，国家也在“十一五”适时提出了节能减排的政策纲要，意在将单位国内生产总值能耗减少 20%，主要污染物排放总量降低 10%。这是构建社会主义和谐社会，建设可持续发展的环境友好型社会的重大战略举措。随后，国家相继出台了各种支持性文件与激励性政策，鼓励各界人士行动起来，大力推动节能减排的进程。

不过，节能减排绝不是仅仅靠某部分人的努力就可以收到显著成效的，它需要全民的参与和投入。因此节能减排需要全民从意识上树立坚定的信念，明确节能环保的必要性和艰巨性，并积极从自身做起，从身边的一点一滴做起，为节省能源、降低排放做出自己的贡献。

现实生活中，不是每个人都十分了解节能减排的相关内容，更不用说对其有综合而全面的认知。针对此问题，本书从节能减排的基本常识入手，从生活中、工业中和农业中的节能减排问题进行层层展开，并展示和说明垃圾分类的具体内容，继而在低碳生活这个主要问题上着重分析和讨论，最后还阐述了可再生能源的应用等相关内容。力求系统而全面地对节能减排概念从各个不同的角度进行考察和探索，对这个牵扯社会方方面面的综合问题进行全方位、立体化的描述和解读。

从逻辑结构上来讲，本书采用层层递进的方式：从第一章的基本概念分析开始，继而介绍生活、工业和农业中的节能减排，最后阐述了垃圾分类、低碳生活和可再生能源这几个热点问题。将大家所关注的问题一网打尽，用逻辑清晰的分点叙述抽丝剥茧，条目清晰、层次分明，力图在读者心中产生清晰的思维架构。

本书适合普通大众阅读。此书的初衷就是为了解答朋友们的疑惑之处，并为大家展示出一幅全方位的节能减排的全景图，不仅让读者朋友们知道从行为上应该怎样做的细节问题，还从根本上剖析问题的深层内涵，让大家从思想上更深刻地理解问题的核心。本书没有停留在表面的说教上，而是从实际问题入手，力图让阅读本书的朋友真正得到一些教益和参考，得到真正有用和真正需要的相关知识。

目 录

第一章
节能减排基本常识

节能减排的意思简单来讲就是对物质或能量资源的节约使用，降低废弃物质和有害物质的排放。具体的方法和措施，就是降低资源的使用量，并减少单位产出的排放量，针对此实施技术革新并寻找替代性的手段。节能减排这个概念与和谐社会、可持续发展紧密相关，作为国家发展之大计，深入了解其概念很重要。

温室效应会产生什么影响?

当今社会，科技的发展以及经济水平的不断提高，在为我们生活带来便利的同时，也带来了一定的污染，而由环境污染导致的地球表面变热的现象被称为“温室效应”。

温室效应形成的原理

就像“温室效应”这个名词本身所揭示的那样，地球空间就如同一个夹在地表和大气之间的超级温室。我们都见过培育花朵的玻璃花房和种植农作物的大棚，它们的外层用玻璃或者塑料薄膜来进行封闭，目的是让太阳的热量能够进入室内，同时又阻碍里面的热量散发到外部空间，如此一来，室内的气温相对高于外面的温度。

地球空间的温室效应和大棚温室的原理是一致的。人类向大气层排放越来越多的温室气体，像玻璃和塑料薄膜一样阻碍了热量向宇宙空间的排放，使得地表温度逐渐升高。就好似种植作物的温室一样，也因此得名“花房效应”。

温室气体与温室效应

大气层中有很多类型的气体，但并不是所有气体都是会大量吸收地表散发的热量的温室气体，只有那些对温室效应有明显作用的气体才能叫作“温室气体”，比如二氧化碳、臭氧、氟利昂、甲烷、一氧化二氮等。它们会将地表散发的大部分长波辐射吸收掉，并将从太阳光中吸收热量的70%过滤返还给地球外部空间，从而保持地球的恒温。

如果大气中的温室气体的数量与浓度增加，就会让70%这个临界值下降，如此一来，更多的热量就会留在大气中，促使地球空间的整体温度升高。

温室效应的不良影响

温室效应最为直接的影响就是地球气候的改变。相关科学数据表明，地球表面温度正以前所未有的加速度提升着，气温不断升高已成为必然趋势。随着气温升高，海平面不断上升，土地沙漠化不断加剧，如此一来，原本人类在地球上居住的地方将会变得不太适宜居住，最终将会引发大规模移民与资源冲突。

除此之外，温室效应对经济的影响也是深远的，它会直接作用于农业、渔业、畜牧业等与自然环境联系紧密的产业。最为直接的影响就是导致农作物产量的减少，并增加生产的成本，使农产品价格不断提升，对经济造成不良影响。

减排到底减的是什么？

减排，从广义上讲是对物质或能量资源的节约使用，降低有害物质、废弃物的排放量。从狭义上来说，即节约资源，并降低有害气体的排放，主要是减少碳排放。具体的做法就是减少资源的使用，减少单位产出的排放量，并寻找相关的替代性手段。

目前，政府已将节能减排作为一项重大战略来抓，相继出台了一系列节能减排的政策和措施。同时，社会各界也积极响应，通过身体力行的方式来促进减排的实施。

节能减排的重要意义

节能减排作为缓解环境污染的有效措施，有着重要的意义。节能减排不仅可以有效地改善能效，还可以为生产节约大量成本，在取得更多经济效益的同时也建立起自身的竞争优势。这种成功的经验反过来也给政策和规范的制定提供了有效的借鉴和参考，是广泛推行减排政策的依据和保障。

节能减排的推行，是改善人类生存环境的基本要求，也是经济发展的必然选择，两者之间也是一个互为因果、相辅相成的过程。只有节能减排真正得以实施，才能有效保护人类生态环境，促进经济快速可持续发展。

减排到底减的是什么

那么，减排到底减的是什么呢？其实，减排主要指的是对碳排放量的控制和降低。在地球气候和人类生存环境越来越受到温室效应影响的现实状况下，人们也慢慢地觉察和认识到了温室气体的危害，也就是以二氧化碳为主的气体所带来的危害。虽然温室气体的组成不光是二氧化碳，但是它在温室气体中所占的比例是最高的，达到了 55%。

为了缓解因温室效应导致的气候变暖，以及由它所导致的一系列后续问题，降低碳排放迫在眉睫。碳排放是把问题归纳到“碳”这个字上，要广泛采取各种方法降低其排放量。

减排的具体途径

其实，碳排放不仅仅是我们身边具体可见的车辆排出的尾气，或者是烟囱里排出的黑烟，它实际上包含了任何的运用化石资源和能源的过程。因而，减少碳排放的关键和根本就是调整能源结构，减少传统化石资源被使用的数量和比例，提高新能源的使用率。

针对此，很多政策和规范被制定出来，并出现了专门管控高污染和高能耗的产业，并鼓励发展新能源、绿色能源产业，让垃圾的循环再利用更为有效。除此之外，最为关键的是要提升广大民众的节能减排环保意识，因为节能减排需要全社会的支持和参与。

三大减排措施都是什么？

节能减排措施是国家“十一五”期间提出的政策措施，具体目标是在“十一五”期间实现单位国内生产总值能耗降低 20% 左右，主要污染物排放总量减少 10%。这是贯彻科学发展观、构建社会主义和谐社会的重大举措。

为了达成这一政策目标，相应的节能减排的重点体现在三大方向，分别是工程减排、结构减排和管理减排。在这三大方向的相辅相成、相互影响的推动作用下，节能减排才能够健康持续地发展下去。

工程减排的具体内容

工程减排是运用一系列的污染治理工程的建设与运转，来对各种现存或可能产生的污染和污染源进行综合全面治理的过程。主要包括：城镇污水治理工程、畜禽养殖污染防治工程、工业水污染防治工程等水污染物减排工程。

另外，还包括电力行业烟气脱硫脱硝工程、其他非电重点行业脱硫工程、钢铁行业烧结烟气脱硫工程、水利行业和工业锅炉脱硫工程等大气污染减排工程。

结构减排的具体内容

结构减排，顾名思义，就是在结构上对现有产业进行优化和调整，在国家相关政策和规定的指导下，关停取缔一批能源消耗较大、对环境污染较为严重、很难对其进行治理的企业，从而让主要的污染源得到总量上的减排。

另外，还要对一批产业中产能落后的部分进行淘汰，包括电力产业、建材产业、铁合金产业、钢铁产业、电解铝产业、焦炭产业、电石产业和煤炭产业等，从工业结构上的整体高度来降低污染排放。

管理减排的具体内容

管理减排就是要加强和提升减排任务的相关执法监督工作和执法检查工作，加强对环境质量方面的监测与监督力度，并且积极帮助企业提升其实际的污染治理能力与效果。对于那些不遵照规定和标准治理污染并有效减少排放的企业进行监督，对于违反管理规定的企业进行严厉处罚，以期更好地完成“十一五”的节能减排目标，让国家的社会效益和经济效益双丰收，切实加速社会主义和谐社会的建设进程。

人类社会发展为何离不开节能减排?

随着人类社会的不断向前发展，能源问题日益凸显。能源是人类社会能够存在和持续发展的物质基础，从历史的发展可以看到，每次文明的进步都是在对能源利用革新的基础上进行的，可以说人类社会是踏着能源的肩膀在不断攀登。

但是随着工业化的展开，大量的自然资源，尤其是能源资源被加速消耗着，能源危机也开始显露出它的獠牙，并反噬着人类对环境做出的伤害。为了缓解能源危机的潜在威胁，保护人类赖以生存的环境，节能减排势在必行，并成为人类社会发展不可或缺的伴生物。

全球能源的特点

全世界的能源分布很不平衡，每个地方资源的种类与数量差别较大，这就形成了各个国家之间对能源需求存在着相互依赖的关系。不过，普遍都存在石油短缺、煤炭资源匮乏的问题，预计在一两百年之内，全球石化能源就会被消耗殆尽。

随着科技与工业的不断进步，人类社会对于能源的需要和依赖也不断升级，能源危机逐渐成为全球性的问题。很多非可再生资源都濒临枯竭，对人类社会的可持续发展造成了威胁，这引起了各国政府的普遍关注与重视。

能源危机出现的原因

从表面上来看，能源危机是由于工业化的快速发展引发的，大规模的生产摄取着巨量的原料和能源。但这只是一种表象，深层次的原因主要是由能量转换的不可逆性决定的，被消耗掉的能源永远无法再自发地完全变回其原始形态。

因此，人类社会面临的能源危机不仅仅是自身对大自然的索取所造成的，同时也是自然规律演进的必然结果。所以，要想保持人类社会的可持续发展，为后代营造良好的生存环境，节能减排就变得十分必要了。

解决能源危机的措施

首先是要控制增长量，并对结构进行积极优化和调整。即加强对行业准入的控制，限制高能耗和高污染行业增速过快。强化对污染的治理，对重点节能工程进行全面监督。对经济发展模式进行创新，综合利用新能源。

节能减排工作需要科技与技术的有力支撑，需要建立一个系统化的服务与保障体系，并依托法制的监督，而且要积极同国际机构进行合作，共同推进节能减排工作的前行。节能减排需要全社会的共同努力，所以，要对其进行大力宣传，形成全民节约意识。

中国可持续发展为何缺不了节能减排？

自改革开放以来，中国人民在中国共产党的带领下，披荆斩棘，攻克了一个又一个难关，在经济发展上取得了长足的进步，经济总量已跃居世界第二位，但同时也迎来了资源危机的潜在威胁和绿色环保的艰巨任务。

面对现实情况，中国政府切实地提出了营造可持续发展的和谐社会的战略目标，其中关键的一点就是要节省能源并减少碳排放。我们必须把现在的生活方式进行积极改善，保护生态环境，为中国的可持续发展打好基础。

中国能源配给现状堪忧

传统能源方面，就现有已探明的储量，我国富煤、贫油而少气。可是富煤也只是绝对总量上的富有，平均到每一个人的话，人均占有量就少得可怜。这是由我国人口的庞大基数决定的。

煤炭资源尚且如此，那么更为珍贵而相对稀少的石油资源，换算到人均拥有量，就更加少得可怜了。就算把新开发的渤海湾油田全部开采出来，也只够全国人民使用 3 年。可见，节能工作对我国来说异常紧迫。

中国碳排放的现状

中国虽然还处于社会主义初级阶段，平均生活质量没有发达国家高，因此人均碳排放量还处于全球中等水平。但是一旦乘以巨大的人口基数，碳排放总量就十分可观了，因此中国的碳排放治理潜力是巨大的。

而且，国内不同人群的碳排放量差异较大，相关统计数据表明，中国的减排工作需要有一定的针对性，要采用灵活多变的政策和对策，综合进行治理。

可续持发展需要节能减排

从字面上可以看出，可持续发展就是要长久、稳定的发展，其中，能源、环境是人类能否幸福、长久生存下去的决定性因素，也是基础条件。尤其对于人口众多、宜居土地有限的中国来说，节能减排已变成可持续发展的重要环节。

虽然我们现在的发展势头一直很猛，整个国家在各方面建设上都欣欣向荣，展现出一幅良好的和谐景象。但是，我们不得不居安思危，多为后代子孙着想，让节能减排落到实处，这就需要每个人都行动起来，从身边的小事做起，为建设长久稳定的绿色家园而努力。

为什么说节能减排势在必行？

改革开放以来，我国经济飞速发展，人民生活水平日益提高，随之而来的副作用便是资源的紧张和环境的恶化问题。虽然我国地大物博，但不过是资源总量上的博大，分配到庞大人口基数的人均上面时，就显得捉襟见肘了。

面对资源短缺和环境恶化的威胁，我们应该以清醒的态度积极面对，不能再掩耳盗铃式的避而不谈。资源和环境是制约社会发展的基础，社会主义和谐社会也需要充分的资源才能可持续地发展下去，由此可见，节能减排已成为势在必行的战略措施，每个人都必须躬身践行。

中国资源短缺的现状

首先水资源短缺是亟待解决的严峻问题，中国的人均可用水量仅是全球平均水平的1/4。尽管中国河道众多，有着丰富的水资源储备，可人口的不断增长和对水资源的无度索取与浪费行为，已经让很多地区都出现了用水短缺的问题，这也给我们敲响了警钟。

我国的煤炭储量虽然十分庞大，但在结构转型的趋势下，需求量很大的石油和天然气在我国已探明储量相对稀少，人均石油和天然气的占有储量仅为全球水平的 11% 和 4.5%。其他主要矿产资源的人均拥有量仅为全球水平的 1/2。

中国环境恶化的现状

中国目前的环境局势是十分严峻的，能源利用率相对较低，环境承载的负荷压力加大。其中，主要污染物的排放量已经超过了环境所能承受的界限，城市的河道污染严重。土壤受污染面积也在快速扩大，水土流失情况不容乐观。

中国用 20 年时间走过了发达国家百年的经济发展历程，但环境恶化问题也加倍地反噬而来，生态平衡被破坏的严峻现实没有得到根本性的改观。传统的那种高消耗和高排放的低效发展模式需要彻底革新了。

节能减排势在必行

资源短缺和环境恶化严重制约着我国经济的发展，影响着人民的幸福生活。积极依靠各种方法，尤其以科技与工艺的研发和革新来提升单位能耗，降低能源消耗总量，已经变得刻不容缓。

只有从总体上降低原料和能源的消耗数量，才是减少碳排放的正确措施。节能与减排是相辅相成的，节能实现的是经济效益，减排实现的是社会效益，两者互为因果。只有同时抓好这两点工作，才能有效而显著地解决能源短缺和环境问题。

产品是如何用能效标准约束的？

能效标准的全称是“能源效率标准”，是国家为了监督和激励厂商提升其产品的能效而制定的政策法规，是用于规范产品的一种准则。它是一种强制性的制度，不允许低于标准所规定的最低值的商品进入市场。

此规范限定的标准是依据相关测定程序来确定的，包含指令性、最低能源性能和平均能效三类标准。它们规定了产品的能效限定值和自愿性节能评价值，前者用于对能效不合格产品的淘汰，后者用于激励厂商不断提升其产品的能效。

启用能效标准的必然性

在商品经济大潮的推动下，各类产品不断涌入市场，呈现供过于求的局面。一些商家为了吸引消费者的眼球，怀着急功近利的心理，对商品进行过度包装，而忽视了对产品本身质量和能效的重视。造成很多产品能效低、能耗大，并产生了过量的排放。

针对这种局面，需要引入相关政策法规来规范市场上的产品规格，尤其是在能效上要进行严格约束，并鼓励更低能耗产品的问世。引导商家把注意力投向产品质量上来，为社会推出节能减排的商品，实现经济与社会效益的统一。

能效标准的分等分级

能效标准的分级是依据产品的耗电量和能效水平来进行的，一般分为 1 ～ 5 级 5 个档次。1 级说明该产品有着最高的能效表现，节能效果最好，推荐广大消费者使用。而 5 级能效的产品就只是刚刚合格。

通常来说，1 级的能效标准是推荐厂商共同努力达到的，2 级仍属于节能产品，3 级和 4 级是达到了全国平均水平，而 5 级产品将随时面临被淘汰的命运。而超前能效指标是指在规范公布的 3 ～ 5 年后开始实施，也是世界上常用的标准。

当前能效指标的涉及面

我国已公布的现行产品能效标准共有 34 项，产品领域主要包括商用设备、工业设备、照明设备、家用电器、交通用具和办公用具六个大项的商品。具体的节能规范国家标准一共公布了近 230 项，而产业和地方标准共计公布了 500 多项。总的来说，无论是涉及的行业，还是具体的规范条例，其覆盖面都是广泛而综合的，为激励厂商对产品能效的提升起到了巨大的推动作用。

如何从能效标识识别家电能效？

随着市场经济的全面放开，市场上充斥的商品也是五花八门，如何选购自己喜欢而又节能减排的家用电器，也是让消费者颇感头疼的事情。事实上，我国早已规定厂家要在产品上用标签标明其能效水平，我们只要仔细查看就可以找到。

这种标签也叫作“能源效率标识”，是一种附在商品上的信息提示标签，一般可以在产品的正面面板，即比较醒目的地方找到它。它也是消费者判断该产品节能效果的最主要参考标准，上面显示的级别越高，其能效表现越好。

能效等级与产品节能性

中国从 2005 年就公布了关于主要家用电器的能效标识规范。其指标共分为 5 个档次。从上到下排列，颜色也是从深绿逐渐变为深红。等级 1 的产品说明其能效已经处于全球先进水平，是能效极高的商品，推荐消费者购买。

而等级 2 的产品能效则高于我国市场上同类产品的平均水平，也属于节能型产品；等级 3 的产品则是达到了国家同类产品的平均水平；等级 4 的产品说明其能效低于国内市场平均水平；等级 5 的产品说明其能效不甚理想，处于随时被淘汰的状态。

能效标识的信息内容

能效标识共包括三个种类，有保证性标识、比较性标识和单一性信息标识。保证性标识提供的是具体的标准与水平信息，而比较性标识提供的信息则允许消费者比较同类产品的节能水平，更为准确地判断产品的优劣。

单一性信息标识提供的信息就是具体的商品数据了，能够让消费者更详细地知晓产品的性能参数。能效标识不仅为消费者提供了购物参考，还鼓励对能效高的产品进行消费，也是变相激励了厂商积极开发低能耗产品，对节能减排战略大有裨益。

建立使用高能效电器的意识

近年来，随着人们的收入和生活水平不断提升，对生活质量的要求也不断提高，有些家庭觉得不用刻意节省去购买低能耗产品，而是追求一些奢侈的电器，觉得很有面子。可是这样做的结果就是造成更多资源浪费，对环境也会产生间接影响。

为了社会的可持续发展，每个人都应该积极转变思想，用更为务实的视角去购置家用电器。积极利用电器上的能效标识来辨识其能效水平，为家庭日常开销节省一笔资金，也为节能减排做出努力。

第二章
生活中的节能减排

节能减排不是一个口号，需要全民切实地投入和践行，从身边力所能及、点点滴滴的小事做起，让节能减排落到实处。生活中的节能包括电器和用具的节电、节水，以及节约粮食、节约材料等。别小看它们，很多小事汇聚起来就会变成巨大的数据，让我们从生活中挖掘节能减排的潜力吧，为绿色星球贡献力量，也为家庭节省开支。

家用冰箱节电窍门都有哪些?

电冰箱是一种可以保持其内部恒定温度的一种制冷家电，用于短期和中期储存食物或相关材料。其内部装有压缩机和制冰机，以及储藏箱或储藏柜。其容积一般为 20 ~ 500 升不等。全世界第一台压缩制冷的电冰箱在美国被制造出来。

随着人民物质生活的逐步提升，20 世纪 80 年代还仅在小部分家庭出现的电冰箱，如今已经走入千家万户。虽然电冰箱给群众带来了很大益处，却是家庭耗电的主力，学习在使用电冰箱时如何省电节能，不仅能节省家庭开支，还能为环保尽一分力量。

节电从冰箱选购开始

物质生活的逐步富裕并不代表我们可以肆意奢侈浪费，冰箱的节能省电是造福社会的好事。我们要根据家里的人口来合理选购容积适中的冰箱，最好按比估算数值稍微保守一些的数据来购买，这样就能够最大限度地发挥冰箱的使用效率。

确定了容积这个最关键的数据后，我们就可以对照型号进行筛选了。既然是以节能减排为主要原则，当然要选择节能冰箱了，包括无氟冰箱、变频冰箱等。它们采用了较为先进的压缩机，优化了制冷效果和能效比。保温性能也更为强化，自然也就省电了。

对冰箱的摆放和调节

冰箱购置回家后，首先要考虑冰箱的摆放位置，要把冰箱尽量远离热源，以通风阴凉的位置为最佳，最好不要紧贴着墙，以免影响冰箱的对流散热和增加能耗。

对冰箱内部制冷温度的调节是合理省电的重要步骤，要灵活根据气候和季节的更替、内装食品的种类及数量来及时对冰箱温度进行调控。旋钮一般有0～7挡，通常来说，春秋天可放在3挡，夏天放在1或2挡，冬天放在4或5挡比较合适。

冰箱使用过程中的节电措施

摆放和调节好冰箱温度后，要在日常对冰箱的使用上注意节电了。

首先要注意的是，虽然冰箱是冷却设备，但并不代表就可以把热腾腾的饭菜直接放入冰箱，应该先让饭菜在自然环境下凉透再放进冰箱里。

其次，想要省电，要尽量减少开关冰箱门的次数，对冰箱进行开门操作的时间长短和频率直接影响其耗电量。冰箱因为常年都是通电制冷状态，其内部的水汽很容易结成霜凝结在表面，不仅影响制冷效果，还会增加耗电量，要及时经常地对冰箱进行除霜工作。

家用空调节电窍门都有哪些？

空调的全名叫作“空气调节器”，是以人为手段对建筑物内部空气的湿度、温度、流速等指数进行调节的电器设备。空调机组通常包含冷源设备、冷热介质输配系统以及末端装置这几个主要部件，还包括一些辅助的设备。

家用空调也分为诸多种类，比较常见的有挂壁式、立柜式、窗式和吊顶式空调四种，各自特点不同，价格也各异，需要依据具体情况进行合理选择。空调也是家电里耗电的大户，需要我们掌握一些节电技巧，才能够取得节能减排的效果。

空调选购上的技巧

在选购空调的时候，首先要树立正确的消费意识，不要盲目地认为大功率、豪华型的空调就是最好的。其次要冷静分析客观需求，包括室内空间、居住人口与人口组成，老人可能不适应过冷的温度，而青年人则喜欢凉爽一些的感觉。

在型号上最好选择变频空调，它是目前最为节能环保的空调类型，在提倡节能减排的大趋势下，各个商家都相继推出自己品牌下的变频空调。这种空调能够自动调节温度，既节约电能，还能带来更为舒适的居住体验。

保养维护提升空调效率

空调有它自身使用的季节时段，停用的时间比较长，因此在夏天开机前一定要进行一次大清洗，然后再开机观察其运行效果。在空调的运行时段里，要根据其运行环境来确定维护的频率，保证其常常处于最佳工作状态，才能达到节电节能的效果。

在进行空调保养时，首先要把空调通风口的杂物清除掉，使通风没有阻碍；其次，将滤网进行彻底清洗，这是最为关键的部分，先用毛刷把附着的可见脏物都刷干净，然后把滤网浸泡在清洗液或肥皂液中，让每个滤孔都透明无脏堵；最后要小心刷洗室内外换热器的表面，提升其制冷效率。

空调使用中的节电技巧

设置的温度不宜过低。有时候人们受到室外阳光的炙烤，回到家后迫不及待地想把温度调得非常低。事实上空调最为节能的温度区间是25 ~ 27℃，离这个温度区间差别越大，用电的耗损比也就越大。要注意室内和室外温度的差距不宜大于7℃。

把出风口多向上方调一些，这是因为热空气容易向上方走，而冷空气容易往下沉，让出风口略微向上可以让冷风自然下流，达到更好的制冷效果，也更有效率和省电。在室内开空调时，还要注意尽量少开关门，并拉上窗帘，减少强烈日光的直射，达到恒温的功能。

洗衣机节电窍门都有哪些?

洗衣机给人们生活带来非常大的便利，传统的洗衣方式都是用手洗，不仅费力还费时。人们在一天劳累的工作之后，难有精神再去慢慢地洗衣服。而洗衣机则改变了这种局面，尤其是全自动洗衣机，只要把衣物放进去，按动开始键就可以了，确实十分方便。

虽然洗衣机方便快捷，但也需要我们付出一定代价，那就是耗电量。正常来说，全自动洗衣机运行完一整套洗衣和甩干的程序，需要超过40分钟的时间，连续不停地运转确实非常耗电，因此我们要想一些办法尽量节省洗衣机用电。

洗衣机选购的技巧

在选购洗衣机时，要根据家庭人口的多少来合理选择洗衣机的容量，很多人抱着一劳永逸的想法，在不确定未来是否增加人口的情况下，盲目选择大容量的洗衣机，导致在长期使用中浪费电能的支出，有时都超过了更换洗衣机的成本了。

在节电效果上，波轮式洗衣机有着明显的优势，这种洗衣机的功率通常在400瓦左右，耗电量不到0.5度。而滚筒洗衣机的运行功率则达到了1200瓦到2500瓦，其耗电会达到1.5度左右，差距还是非常明显的。

洗衣前的准备工作

虽然洗衣机是为了节省我们的劳动，但一些不太费事的工作我们还是可以自己完成的，这可以大大节省洗衣机能耗。把衣物投入洗衣机内之前，不妨把它们先放在水盆里浸泡约20分钟，再倒入一些洗衣液或者洗衣粉，让脏物提前被分解，这样在设定洗衣机漂洗时间的时候，完全可以缩短一点时间，节省了运行过程中的耗电量。

在投入衣物时一定要计算好整体的容量，不宜过多也不宜过少，过多了加重洗衣机的负担，使其运行更为耗电，过少了则会直接白白浪费电能。

洗衣机运行节电技巧

洗衣机一般都设有弱、中、强三个挡位，甚至有更多强度的选择，我们不能总是让洗衣机自动使用默认值来运行。在洗涤比较厚的绒毯、床套和帆布物品时，要使用强挡，洗涤棉花、化纤等衣物时使用中挡，而洗涤较为轻便的衣料的时候就使用弱挡。

另外在夏天的时候，因为天气炎热、日光充足，完全没必要使用甩干的功能，直接晾到室外就可以迅速晾干。另外，内衣、内裤、袜子等衣料是可以顺手在洗澡时洗好的，不仅省电，还减少了真菌的传播和感染概率。

电视机节电窍门都有哪些?

电视机是一种通过呈现影像和发出声音来传递给人视听感官信息的一种家用电器，它通常是由摄像、传输和显像三个部分组成。自改革开放以来，随着经济的快速发展，电视机也从奢侈品逐渐变成普通电器，进而走进了千家万户。

电视机能够为我们的生活增添欢乐，下班回家以后，一家人围坐在电视机前享受温馨的时刻，其乐融融。不过，电视机的能耗是一个不可忽视的问题，在享受它的乐趣之余不妨多考虑一些节电的技巧，既为节能减排做一些贡献，也为家庭节省一些开支。

电视机选购技巧

当社会的主要矛盾转化为人民日益增长的美好生活需要和不平衡不充分的发展时，大家更为看重生活本身的质量，追求高层次的享受。在这种思想意识的驱使下，很多人在选购电视机时容易盲目选择所谓大屏幕高清晰度的电视，追求视听的极致享受。

事实上，大屏幕的电视机虽然能够让画面的呈现度更高，但是并没有达到质的提升，远远达不到影院的效果，甚至还会让眼睛承受更多的压力和负担。因此，家庭中不妨选择较小的电视机，节电的同时，还能让眼睛避免过于疲劳，也节省了室内空间。

勿要过于沉溺电视机

电视里的世界虽然丰富多彩、琳琅满目，让人获得知识的同时也得到了娱乐效果，放松了心情。但是沉溺电视则会耽误人的正常休息，影响第二天的工作和学习，甚至还会玩物丧志，让人的精神变得疲惫。

而且，电视机开的时间过长也会导致其产生过热的现象，使其内部元件受到更多损耗，降低功耗比，从而导致单位电耗升高。我们一定要主动控制看电视的时间，把看电视仅仅作为一种调剂方式，既节省了电量，也不耽误自己的正事。

电视机使用节电技巧

使用电视机节电的技巧包括多个方面。首先要合理调节电视机的色彩、亮度和对比度等。有些电视机有可以自动根据环境光线来调节自身亮度的功能，不要忘了开启这个功能，这样可以节电 20% ~ 40%。其次，尽量把音量调低，可以消耗更少电量，也不吵到室内的其他人。

看完电视要把电源真正断开，现在很多人为了图省事，只是用遥控器关上电视，殊不知电视机待机的时候也是消耗电量的，虽然不是非常多，但是日积月累也是个不小的数目。总之，注意这些小细节，可以为家庭减少很多电耗，也为环保做出了积极努力。

家庭照明节电窍门都有哪些？

照明用具是居家生活的必需用品，尤其是在夜里，更是必不可少的电器。那种秉烛夜谈的时代已经一去不复返，如今先进的照明设备让我们的夜间生活变得丰富多彩，让一天工作的疲劳得到缓解和释放。

但是，在绚丽的灯光映射下，也遮掩不了其电耗带来的能量浪费和碳排放问题。照明是居家用电的主要消耗，如果能够多加注意，并合理运用一些省电技巧，则可以为家庭用电节约一笔不菲的开支，还能为减少碳排放做出贡献。

选用节能灯具

节约用电，首先要树立夜间照明并不是越亮越好的意识，人在一天的工作和学习后回到家里，需要一个相对温馨、灯光柔和的环境来放松身心，并逐渐进入睡眠节奏。节能灯正好可以满足这个要求，既节省电能，还能带来舒适而柔和的光线。

节能灯的照亮效果一般比普通灯要高出数倍，一个 11 瓦的节能灯效果和 60 瓦的普通灯泡差不多，且能耗上还低了 78%。另外，我们还可以选择在日光灯上安装新型电子镇流器，也能有效减少灯具的耗电量。

加强照明节电意识

再好的技巧也不如人的观念和意识所起的作用更为根本、更为有效。比如，我们在穿梭于各个屋子时，其实并不需要每个屋子都亮着灯，而具有节能意识的人总会在走出一个屋子时顺手把灯关上。

晚上睡觉时，有的人怕黑喜欢开灯睡觉，其实这样对身体的内分泌系统十分不利，而且睡眠质量也会很差，还浪费了很多电能。这实在是需要努力克服的一个坏习惯。

家庭照明节电技巧

除了尽量使用节能灯，加强节约用电意识，还有一些小技巧可以借鉴。比如可以在各个屋子之间安装多重控制开关，有时候人待在一个地方不想挪动，就可以顺手把旁边屋子的灯关上，这种设置也比较符合人本理念。

另外，不妨在一些过道的地方安装一些声控灯做到自然节电，使照明的消耗量降至最低。在书桌或床头安装变光灯也不失为一个好的选择，在随时根据环境需要调节光亮度的时候，也就相应地减少了很多电耗。

厨房电器节电窍门都有哪些？

现如今，大家的收入普遍提高了，有些人开始追求更为舒适便捷的生活，于是，相应的各种家用电器层出不穷、名目繁多，满足着人们的各种需求。其中，厨房电器作为其中的大户，包含了各式各样的设备用具，为我们日常做饭提供了很大便利。

正因为厨房电器种类和数量的繁多，既决定了它们是耗电的大家族，同时也具有节电的巨大潜力。只要我们仔细观察和思考，总会想出一些厨房电器节电的技巧，为降低碳排放贡献力量。

厨房电器购置上的节省

现在的商家为了赚钱，为厨房开发了名目繁多的电器，其中大部分都不是必需品，也不是传统中国家庭所喜闻乐见的。有的人看着新鲜或是感觉洋气买了回来，事实上这种电器不仅费电而且不实用，有的甚至只使用了几次就束之高阁了，显然十分浪费。

对于一些必备的电器，比如冰箱、抽油烟机、电饭锅、燃气灶等，尽量在足够家庭需求的情况下买功率较低或者容量较小的器具，而不是盲目寻求漂亮的外在，如此一来，我们就可以从根本上对耗电量进行控制。

厨房电器维护技巧

在购置了合适的厨房电器后，并非意味着可以一劳永逸地使用它们，因为厨房的环境相比较室内其他地方来说，更易沾染油气和烟气。因此，厨房中的电器更需要定期保养和维护，否则就会自然地增加能耗，降低能效。

在众多厨房用具中，要经常对抽油烟机进行清洗，以免其内部被油气污染严重而造成过大的震动与噪声，这样也会增加其电耗量。要经常检查电热水锅的内表面是否留有水碱等沉淀，如果不及时清理，就会影响其热效率。

厨房电器使用技巧

我们在厨房做饭时，要从冰箱里取用很多食材，有时候会多次开关冰箱门，造成冷气散失和能耗的浪费。不如在每次做饭前，先计划好全部食材，一次性取出，这样每次做饭就只需要开关一次冰箱门，也能节省很多的电耗。

在使用电磁炉时，最好使用与它相配套的铁锅或平底锅具，这样电磁炉的炉火就可均衡释放在锅底而不会浪费。对于电磁炉本身的各个档次功率，也最好细读说明书，以免造成额外的功率浪费。

家用电脑节电窍门都有哪些？

电脑是一种用于高速运算的电子计算机器，可以用于逻辑和数值的运算，拥有存储功能。如今，计算机早已从20世纪的专业运用走入千家万户，老百姓都可以用它来进行工作、娱乐和辅助学习等。

电脑成为家庭必备的电器，给我们的生活带来巨大的改变和益处。不过，我们也要正视它不菲的耗电量，要积极地想办法降低电脑带来的额外能耗，找到可以为电脑节电的小窍门，让电脑也成为节能减排的排头兵。

电脑选购的节电技巧

从20世纪家用电脑被开发出来，发展到今天经历了天翻地覆的变化。个人电脑，也就是微型机的功能已经直逼小型机甚至中型机的标准。但是配置的提升也让其功耗大为增长，再加上人们被潮流所驱使，总认为配置越高功能就越好，这也推动着市场向高端化发展。

事实上，我们大多数人根本用不着很高的配置，只需要购买一般档次的电脑，就能够适应绝大多数的工作、学习和娱乐功能。甚至可以不购买台式机，只需要笔记本就可以胜任大多数家庭的需要，其耗电更少，也更为便捷。

通过电脑设置实现节电

电脑作为可以同步多任务运算的强大机器，当然也少不了可以省电的设置功能。先按下左下角开始按钮，点击控制面板，进入子界面后双击电源选项进入下一个界面，然后点击更改计划设置。

这时候就可以看到具体设置节电模式的选项了，可以设定在电脑没有接受任何指令多长时间的时候自动关闭显示器，或者进入睡眠状态。这种自动的设定可以减少大量电耗，而且能够延长电脑的使用寿命。

电脑使用的节电技巧

在电脑使用的节电技巧上，最立竿见影的操作就是主动减少使用电脑娱乐的时间。因为电脑的娱乐功能并不是其主要用途，人们在工作和学习之余，可以使用它进行适当娱乐，但是一定要注意控制时间，不但可以减少电耗，还能够防止沉迷，影响正常的生活节奏。

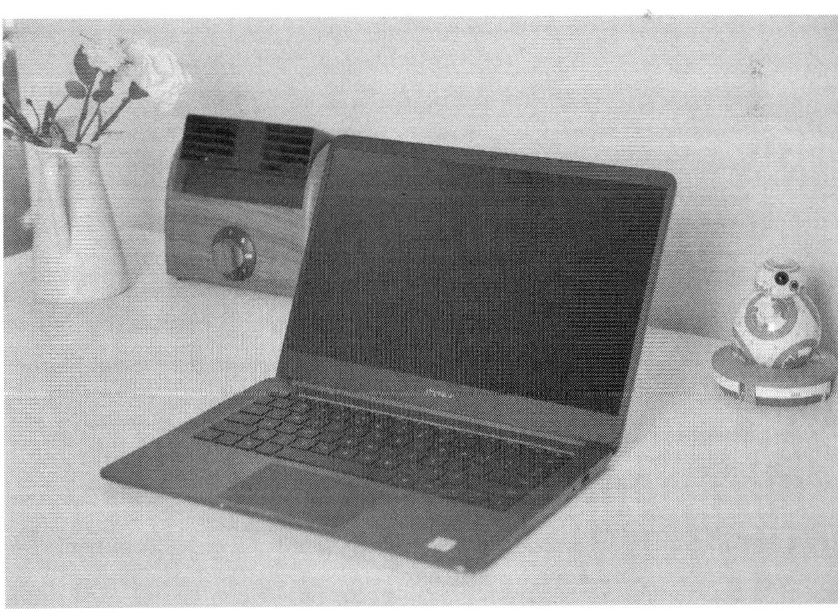

在使用电脑时，要根据环境光线尽量降低显示器的亮度，并关闭一些外设的使用，包括音箱、话筒等，这样可以降低整体的能耗。在确定长时间不用电脑的时候，一定要彻底关闭它，最好将插板上的开关按钮关闭，防止待机产生不必要的电量浪费。

手机节电窍门都有哪些？

手机从出现发展到今天，已经从只带有简单数字键的手提电话，变为触屏式的输入输出数码机；从纯粹的通信工具，慢慢成为集娱乐、工作和学习为一体的有着多样化功能的数码工具。手机对于人的重要性也在不断提升。

随着人对手机依赖感的逐渐加深，大量的手机控也出现在公共视野中，无论是在地铁上还是公交上，无论是在人行道上还是在排队，到处都是低头看手机的人。那么，手机节电都有哪些窍门呢？

手机选购节电技巧

为了满足很多年轻人看视频、玩游戏和自拍的需要，现在的手机厂商都争相扩大手机的功能，提升分频率，增强照相功能。这样的手机虽然整体功能强大了，却非常费电，往往使用不到一天就需要充电，非常麻烦。

事实上现在手机里名目繁多的功能，大部分都是我们用不到的，却白白增加了功耗，让我们在使用时多浪费了很多电量。因此在选购手机时，不妨选择那些价廉物美、功能一般的手机，只要不影响正常的通话和通信软件的使用就可以，还可以实现长时间的待机。

手机使用理念的反思

手机在刚开始出现时被称为“大哥大”，那个时候的手机除了是身份的象征外，纯粹是为了通话方便。而现在的手机，其功能早已远远超越了通话的目的，其中被内置了各种娱乐功能，比如视频、直播、游戏、拍照等，这种集万千宠爱于一身的做法，虽然大大提升了人使用的便利性，一机在手走遍天下，却也引发了过度沉迷手机、依赖手机的社会现象，甚至可以说是一种病态现象。

因此，手机节电的根本就是理念的转变，要从手机的泥潭里把自己拽出来，把关注点投向现实，转向身边，把时间多留给亲朋好友、同事伴侣，回归真正的生活。

使用手机的节电技巧

在使用手机时尽量把亮度调低，不仅省电还保护眼睛。声音也最好调到静音状态，将按键音和背景声音都调至最低。同时，手机里应尽量少安装应用软件，只保留自己常用的就可以了，这样可以避免很多后台运行状态下的电量耗费。

平时在工作之余或是课余时间，尽量少用手机打游戏，一般来说玩游戏是手机耗电量最大的活动。有这个时间，不如多用手机看一些电子书之类可以帮助学习的软件。这样，不仅比玩游戏节省更多电量，还提升了自己的知识储备。

其他小家电节电窍门都有哪些？

除了上面提到的主要家电以外，我们在生活中还会遇到其他各式各样的家电用品，它们可能没有空调、冰箱、洗衣机那么耗电，但是日积月累也会造成可观的电量消耗，不仅是一笔很大的开支，还对环境造成间接污染。

这里主要对3种家用小电器进行考察，分析它们的相关节电技巧，分别是微波炉、饮水机和电饭煲。这些电器都是我们平常用得较多的，在使用频率上甚至能和大家电平起平坐，因此，学习如何更高效地使用它们对节能减排大有裨益。

微波炉节电技巧

用微波炉加热较为干燥的食品时，要先加入水，然后搅拌均匀。在加热食物之前要先用保鲜膜包好，或者用耐热的玻璃器具来加热。要确保每次加热的食物重量不超过500克，最好能把它们切成小块，量比较多的时候要分时段加热。

加热时尽量用高火更为节能省时。实际上，微波炉的优势就是它仅加热食品本身，而不加热空气和器具。经试验证明，加热同等重量的食品，微波炉比电炉节能65%，确实是节能省电的好工具。

饮水机节电技巧

饮水机不只是一种储存设备，还具有保温的功能。它能够加热或者制冷一定量的热水和冷水供大家选择饮用，因此，也就存在了一个间歇性运行的问题。当热水和冷水随时间逐渐变为室温时，其电热线和压缩机就会再次运转来制造冷热水。

也就是说，只要在接通电源的状态下，无论我们是否取用饮水机里的水，饮水机都会不时地自动运转，电量也就在不声不响中被消耗掉了。当我们离开家之前，一定要拔掉饮水机的插头，这样就能节省大量的电能。

电饭煲节电技巧

在煮米饭之前，先把米淘好并浸泡10分钟，再放到电饭煲里煮，这样可以让饭熟得更快，节省 10% 的电量。要注意在煮好饭以后及时拔下插头，因为它会在内部温度降到一定程度时自动重新加热，不仅浪费电能，还耗费其本身的使用寿命。

千万别用电饭煲来烧水，因为跟电热水壶相比，电饭煲烧水会消耗更多的电能。要经常检查电饭煲底盘和锅底的清洁度，倘若有污渍，要轻轻擦干净，可以减少热能在传输上的耗费，提升热效率。

住宅节电窍门都有哪些?

可以说除了吃饭和穿衣，人最需要的就是住宅，一个可以憩息的地方。人们在劳累的工作和学习之后休息的最好处所是自己的家，可以说住宅是人最常待的地方。

住宅用电的节约是非常有潜力的，有的家庭每个月电费只有几十块钱，而有的家庭却动辄几百元电费，差异立现、不可不察。节电也不光是为了节省家庭的开支，更重要的是节省社会能源，为环境减少一些碳排放。

住宅购置方面的节电

做什么事情都要追根求源，住宅节电的关键要从源头找起。购房时不妨在满足家庭需求的情况下，选择较小户型的住宅，这样就能从根本上减少电耗。因为空间相对小了，可以放置的电器自然也就少，用电量也会相对减少。

另外，对装修的选择也应尽量节俭，很多家庭为了装修大兴土木，不仅影响邻居的休息，还耗费了大量的金钱和精力，同时在装修过程中消耗了很多电能，这种浪费是不提倡的。在装修时也别忘了把室内电路尽量简化调整，很多插座实际上是多余的。

居住理念上的节约

对住宅进行购置和装修之后，接下来就是各种电器设备的添置了。很多人因为面子的问题，喜欢跟风购买大容量、大功率的电器，其实这根本没有必要。

比如空调尽量买窗式的，没必要买立式的，最好准备一个电风扇，因为绝大部分时间都可以用它代替空调。电视机尽量买小尺寸，电脑尽量用笔记本来代替台式机，原因也很简单，你的生活不是电视机与电脑支撑的，它们只是调剂而已。

住宅节电小窍门

尽量少用插板，因为即使把插板上的开关关闭了，连通电源的状态还是多少会消耗一些电能，而且增加了不安全因素。如果要出差较长时间，家里没人待着的话，不妨把电闸拉掉，避免任何形式的电能损耗与隐患。

另外，注意不要在家里给电动车充电，这十分危险，已经有很多事故为我们敲响了警钟。现在相关公共设施已经很全，完全可以在公共充电地点进行电动车充电，不仅节电而且安全。

厨房节气技巧都有哪些？

现在千家万户都用上了天然气，这是一种既安全又较为清洁的能源，也方便使用。但是，我们国家的资源现状是煤多而气少，因此天然气事实上是较为宝贵的能源，需要我们用心地去珍惜和节省利用。

可实际情况是，人们并没有建立省气的主观意识，认为天然气又不贵，没必要刻意节省，因此导致厨房中浪费天然气的行为比比皆是。这种浪费不光让宝贵的资源白白流失，还增加了家庭生活的资金投入。接下来，我们可以看一看各种厨房节气的技巧。

对液化气瓶进行节气操作

每次用完液化气之后，应先把气瓶的阀门拧紧，再将燃气炉关闭。倘若先关闭燃气炉再去拧紧气瓶阀门，由于气压的作用，瓶内的液化气仍往上流动，不光会造成浪费，还可能出现漏气的危险，导致安全隐患。

燃气瓶的放置也有学问，要尽量放在干燥的位置，因为金属气瓶很容易被潮湿的空气所腐蚀，如果某个部位腐蚀过度，很容易出现压力穿孔，出现安全隐患。所以，可以给液化气装上节能罩和高压阀，大大提升节能水平。

对灶具进行节气操作

通常来看，直径较大的平底锅有着比较大的受热面积，就比尖底锅更为节省煤气。要经常查看锅底是否清洁，尤其是铁锅用得过久会聚积一层黑色物体，而这层黑色物体会起到隔火隔热的负面作用，让能源效能大大降低。

对于灶具也要经常清洗，让燃烧器保持疏通状态，尤其要注意别让阀门和管道漏气。在提升热量利用率上，可以在灶具外面加一个直径略大的金属圈，如此一来，就可以让燃气在燃烧时的高温气体除了对锅底加热以外，还可以沿着锅上升，减少了大量能耗。

下厨时的节气操作

刚开始下锅炒菜时，火可以大一些，让火焰把锅底都覆盖上。一旦菜熟了，就要及时把火调小，在做菜的过程中要分几步逐渐调小火焰，一定不要因为懒而省去其中的步骤。

如果燃烧过程不充分，也必然造成燃气浪费。当发现灶台上的火焰出现红黄色时，说明氧气缺乏，这个时候，就要适时把灶具风门调整一下，等到火焰变得清晰而稳定的时候即可，纯蓝色的火焰是燃烧充分的表现。

洗衣节水妙招都有哪些?

水是人类的生命之源，人可以三天不吃饭，却不能一天不喝水。水资源在当今工业发展和人口剧增的现状下呈现越来越短缺的现象，用水危机也成了全世界都为之挠头的难题。我国很多城市也出现了用水紧张的问题。

因此，每个人都应该行动起来，从小事做起，保护我们赖以生存的水资源。在生活中，洗衣服一直都是我们用水的主要消耗之处，如果能够做到全社会节水式洗衣，将节省大量水资源，让用水危机得到有效缓解。

洗衣机节水技巧

在用洗衣机洗衣服的时候，要注意对水位的设定，不能过高，以免造成不必要的浪费。而且水位定高了对衣服本身也有影响，因为较少的衣服在较多的水体中洗涤时，相互之间缺少摩擦，反而会洗不干净。

洗衣服的频率和节奏也是我们要注意的问题，最好是积累到一定量的衣服，刚好够一缸的时候再洗，这样可以充分利用洗衣机的容量，减少对电量的消耗。但也不要刻意塞进过多衣服，这样会影响洗衣效果。

洗衣水的重复利用

洗衣水是可以重复利用的，尤其是漂洗到最后一遍的水，其清洁度完全可以再次利用。在洗完一批衣物时，剩下的漂洗水就可以用作下一批衣物的洗涤用水，这样一次就能够节省 30 ~ 40 升的水，节省效果十分显著。

从洗衣机里排出来的污水也不是完全没有利用价值的，可以用于刷洗马桶或者拖地。只要我们积极开动脑筋，把节水节能放在心里，总能找到一些方法，为环保贡献一分力量。

尽量使用人工洗涤

洗衣机作为一种节省人力的机器设备，为我们提供了方便的同时，其代价就是费水费电。想要节水，最立竿见影的方法就是采用手洗，如果是办公室工作的人群，采用手洗不仅是一种身体锻炼，还可以省水省电，不失为一种好的选择。

对于一些像内衣、内裤和袜子之类的小件物品，不妨在洗澡时顺手洗一洗，这样不光节省水资源，还省去了一些时间，可谓一举两得。

洗澡节水妙招都有哪些?

洗澡可以清洁身体、祛除疾病，还能够消除疲劳、提升机体免疫力。在没睡醒的清晨洗个澡，可以马上焕发精神，开启一天的工作；一天的工作之后洗个澡，可以让精神得到安抚，晚上能够睡个好觉。

洗澡次数也不宜过多，因为会对皮肤造成一些损害，影响皮肤免疫力。同时，洗澡会使用大量的水资源，我们虽然不能不洗澡，但可以合理控制洗澡次数，每次洗澡时也可以使用一些相应技巧来节省更多的水。

合理控制洗澡时间

洗澡时间不宜过长，有些人比较享受洗澡的惬意，便容易控制不住时间，一洗就是一个小时，这不仅浪费了大量的水，白白花去了大量时间，还让身体产生疲劳，形成诸多负面效果。

每次洗澡的时间应控制在 15 分钟左右为宜，不要过短或者过长，时间过短可能洗不干净，影响洗澡效果，反而会增加洗澡频率，导致更多水资源浪费。因此，保证洗澡的质量，也从侧面提升了节能减排的效果。

洗澡环境与用具改良

能使用淋浴就不要使用浴缸，有的人喜欢泡浴的感觉，殊不知这样会浪费大量的水。其实泡浴虽然有养生的功效，但也不是越多越好。如果用泡浴方式洗澡，记得要利用浴缸里的水进行拖地或者冲马桶，尽量节省用水。

不妨安装一个流量较低的莲蓬头，让水流得以控制。有些人喜欢一直开着莲蓬头，不管是打肥皂的时候还是搓身时，这样就造成了很多不必要的浪费，让水资源白白流失。

洗澡过程的节水技巧

洗澡之前，先根据经验调整好冷热水，这样就可以缩短放水的过程。先让全身都淋浴一遍，然后再用洗发水洗头发，并全身打肥皂进行搓洗，最后一次性把身上冲干净。切忌单独洗身上的某个部分，造成重复放水。

洗澡的时候不妨放几个盆或桶在身边，这样流下来的水可以一部分接在盆和桶里，用于之后拖地或者刷马桶用，让水的利用率得到提升。洗澡这件事虽然普通，但合理安排可以节省很多水资源，为节能减排出一份力。

厕所节水妙招都有哪些？

厕所也叫“卫生间”或“洗手间”，是我们每天都要造访几次的地方。除了排泄大小便以外，还要在厕所里进行日常的洗漱。可以说厕所是和生活联系最为紧密的处所了。

厕所节水也是非常有潜力的，因为抽水马桶每次要使用大量水来进行冲洗，平时洗手洗脸也要频繁地开关洗手池里的水龙头。有人可能觉得这些用水都不可避免，实则非也，只要肯动脑筋，还是有很多技巧可以加以运用的。

抽水马桶的选购

在选购抽水马桶时要尽量选择节能型马桶，这种产品尽管在价格上会略高于普通马桶，但是每次冲水时可以比普通马桶节省大概 1/3 的水量。天长日久的话，不论是在经济上还是在环保上都是普通马桶不可比的。

倘若觉得马桶的水箱体积还是过大，不妨在里面放上一块砖头或是装了水的可乐瓶，让每次的放水量都可以减少一些。这里需要注意的是，放置在里面的物品不可以妨碍水箱内部的功能运转。

抽水马桶的维护

马桶是比较容易漏水的地方，发现了要及时进行维修，否则会浪费大量的水。检查水箱是不是漏水有一个小技巧，那就是在水箱里滴进一些食用色素，然后等待 10 分钟，假如发现有颜色的水进了马桶，就说明有漏水现象，要立刻进行维护。

还要注意的是，在使用马桶的时候切忌往里面扔一些固体的废物，比如烟头和塑料袋等，容易对马桶造成堵塞。冲厕所用水的来源并不限定，可以是从家庭其他用水之处收集而来的废水，这可以有效提升水的利用率，节省水资源。

洗漱时的注意事项

在卫生间洗漱时，一定不要因为懒而总是开着水龙头，而是在需要用水的时候，比如接刷牙水，给毛巾湿水或是冲脸的时候，才打开水龙头。有的人习惯于一直开着水龙头，造成水的利用率非常低，白白浪费了很多水。

就像公厕里张贴的公益告示所说的那样，如果人人都能在卫生间洗漱的时候顺手关上水龙头，那么每个人每年就能节省下来 25 个浴缸那么大容积的水量。这个数目是非常震撼人心的，也让我们有了充分的动力去节省一点一滴的水。

厨房节水妙招都有哪些？

厨房是指可用于准备食品并进行烹饪的地方，现在的居家厨房早已不是传统的柴火炉灶了，而是拥有各种先进的烹饪器具，比如微波炉、烤箱、洗碗槽、冰箱和冰柜等。其功能性随着生产力的发展而越来越丰富、齐全。

厨房是老百姓满足“吃”的基本生活需求的必备之所，同时也是消耗大量水资源的地方。无论是淘米、洗菜、煮饭或煲汤，都需要大量的水的支持。厨房节水也有很多技巧可以参考，可以为我们的环保工作贡献更多力量。

淘米水的利用技巧

淘米水可以用在很多方面，如果仅仅是随手倒掉就太可惜了，我们完全可以将它们回收再利用，用于后续的洗菜和洗碗。淘米水本身就有去污和去油的功效，积极利用淘米水既环保又节水，可以说是两全其美。

淘米水也可以用来洗砧板，因为砧板常用来切肉，表面会比较油腻，而且容易滋生细菌。淘米水正好可以对症下药，能够很好地去除砧板上的油污，起到防止细菌滋生的效果。淘米水还可以用来浇种植物，其所含的营养物质可以发挥其效能。

蔬菜清洗的技巧

在对蔬菜进行洗涤时，不要直接放到水龙头下面清洗，而是放到盛水的容器里清洗。先对有皮的蔬菜进行去皮处理，再进行清洗，先清洗叶类和果类蔬菜，再洗根茎类蔬菜。同时也要注意，不要让水龙头一直开着，要勤于开关水龙头。

洗完蔬菜的水还是比较干净的，可以用于洗碗或者洗抹布，清洗灶台和抽油烟机等。炒完菜的时候也可以用洗菜水清洗炒锅，如果洗得不干净，可以重复清洗。

厨房节水的其他技巧

在洗碗时，一次清洗多个餐具会比单独洗一个更为省水，但也不是要求把几顿饭的餐具堆到一起清洗，而是把多个餐具用洗涤剂洗完后再一次性清洗，这样可以有效节省水资源。还需注意的是，在清洗餐具之前，最好用卫生纸把餐具上的油污擦掉，然后再用洗涤剂来洗，这样会更有效率，最后用水清洗时较为省水省力。洗过餐具的水也可以积极利用起来，可以用它们来清洗厨房炉灶和抽油烟机，让水的利用率更高。

其他节水妙招都有哪些？

除了上面提到的家庭主要用水环节之外，还有很多日常用水的方

面是需要我们注意和做出改善的。很多人可能觉得那些细枝末节、小小的琐碎用水起不了大作用，可是，就像古话说的那样，不积跬步无以至千里，大江大河都是从一点一滴中积累出来的。

因此，节约用水也是我们做人的基本修养，为了维护我们赖以生存的地球的生态环境，我们要把视角放到生活中的每一个细节里去，尽我们的所能去节省每一滴水资源，保护我们的生存环境，为后代造福。

水龙头的节水技巧

节水要从源头做起。家里的水龙头是用水最起始的地方，制约着整个家庭用水量。因此推荐把水龙头换装成节能型水龙头，并使用1/4转的水龙头，来替代全转式水龙头。这就是通过降低水龙头开闭时间来减少用水量。

现在很多住宅小区的水压都较高，一打开水龙头水流喷薄而出，这样就因为水的高流速而浪费了水资源。可以尝试通过调节自来水阀门的方式来降低水压，让水流较缓一些，这样一年下来，能节省很可观的用水量。

家庭用水的循环利用

家庭用水，很多都是可以重复循环利用的。比如说可以用鱼缸换出来的旧水来浇花，比其他的水更具有营养价值。喝剩下的茶水用来擦洗家具和门窗也能够起到不错的效果。

另外，用淘米水，或是煮面的水来洗碗，可以减少洗涤剂的用量。洗碗水和洗菜水可以用来浇花。洗衣服和洗澡后收集下来的水可以用来拖地、刷马桶和洗车等。

家庭其他节水技巧

在洗涤新鲜的瓜果蔬菜时，如果使用洗涤剂消毒的话，将会浪费很多水，而假如使用盐水来浸泡消毒的话，则只需用清水冲洗一遍就可以了。

在遇到雨天时，不妨在室外放一些盆或者桶之类的容器，将雨水收集起来，可以用作擦地和浇花之用。而且，净水机和加湿器里面所剩余的残水也可以作为冲厕所的水再次利用。总之，只要是你能够想到的，符合安全要求的水，都可以大胆去利用它，为节水减排做出自己的贡献。

节约用纸技巧都有哪些?

自从东汉的蔡伦发明了造纸术以来，纸就成了人们生活中不可或缺的必需品。从工作，到学习，到生活的方方面面都离不开纸。“洛阳纸贵”也表现了中国人从古时候就崇尚知识和学问，体现了纸张的特殊地位。

随着物质文明的高速发展，纸的成本越来越便宜，纸张的浪费现象也相应地越来越严重。纸的原料主要是树皮等植物纤维，浪费纸张必然导致更多的树木被砍伐，会让环境恶化的倾向更为严重，因此，节约用纸是需要每个人坚持去履行的义务。

办公场所节约用纸

办公场所用纸量最大的非打印机莫属，几乎每个办公室里，打印机都是最忙的器材，经常可以听到它嗡嗡作响。那一沓沓打印后的纸，看了让人不由得心痛。事实上，只要稍加注意，就可以节省很多打印的场合，尽量看电子版文件是值得推荐的。

为了提醒大家减少打印量，不妨在打印机旁边醒目的地方贴上“节约用纸，保护家园”的提示。另外多进行双面打印，或是将用过的打印纸反面打印，都是节省纸张的好办法。

学习场所节约用纸

草稿纸尽量要写满再丢弃，不要只稀稀疏疏写了几行字就随意扔掉。一些用过的本子，如果还有几页没有使用，不妨把它们取下来重新编订成册来使用。在练习毛笔字时，不一定要使用新纸，完全可以用各种类型的废纸来练习。

要提倡课本的循环利用，或者寄给贫困地区的学生再次使用。对于一些不用的旧书、杂志或是稿纸，不要随意丢弃，最好集中到一起送到废品站统一处理，这样就可以更好地回收再利用，避免纸张的浪费。

生活过程节约用纸

生活中的用纸不像工作和学习中主要以文件和本子的形式存在，而是会以各式各样的形式出现。比如在喝水时，尽量不要取用一次性水杯，在购买纸张的时候尽量选可再生纸。

在就餐时尽量使用毛巾来擦手，少取用餐巾纸。购物时如果附带有包装纸，不要随意丢弃，完全可以别出心裁地做成工艺品来装饰生活。另外尽量不要使用一次性快餐盒，出去吃饭尽量在饭馆解决。

节约粮食技巧都有哪些？

节约粮食是每个人都应该履行的义务，因为粮食是生命的根本，是农民辛辛苦苦劳动的成果。现在的生活再优裕，吃喝再不愁，也不是随便浪费粮食的借口，因为浪费是可耻的，这是人的普遍价值取向决定的，是不容置疑的。

节约粮食不光是一种纯粹精神价值的体现，现在世界上还有很多地方的人在忍饥挨饿，我国作为一个人口大国，粮食的储量也不是那么充裕。试想，如果每个人每月浪费半斤粮食，一年全国就会浪费多达几十万吨粮食，这个数字是触目惊心的。

节约粮食的必要性

尽管现代社会的发展已经到了非常先进的水平，但具有很大的不平衡性，很多国家的人还在缺少粮食的死亡线上挣扎。就以我们国家来说，虽然已经解决了温饱问题，但是巨大的人口基数仍然让我们不得不居安思危，时刻警惕粮食危机的发生。

中国人口众多，人均耕地仅为世界水平的1/4，而且耕地面积正因为环境的恶化而迅速减少。这些严峻而现实的数据摆在面前，让我们很难风轻云淡地对待粮食问题，节约粮食是全体公民都应该恪守的基本道德。

节约粮食的个人做法

在做饭之前要先计划好每个人的量，除了按平时的饭量考虑以外，最好考虑当时的胃口如何、有多饿等。这样可以避免多做饭，最后导致浪费。每顿饭问询家人的胃口是一种以身作则的做法，让孩子明白每一口饭、每一粒米都值得珍惜。

节约粮食不光是从量上，还要从思想上严格要求自己，那就是不要挑食。挑食其实是一种贪图享受的行为，为了满足自己的食欲而不顾粮食本身的价值。节约粮食不仅能节约粮食的数量，还能够实现营养均衡，两全其美。

节约粮食的公共做法

在公共场合就餐时，一定要摒弃中国人传统爱面子的特征，一下子点一桌子菜，自以为很有面子，其实是浪费了粮食，实则让人鄙视。正确的做法是，综合大家的意见和饭量，能吃多少点多少，甚至要先少点一些，不够吃再点。

吃完以后也不要怕人家笑话而不好意思打包，打包是一种节约的美德体现，只会让人觉得你很有思想、有品格。节约是需要全社会的人共同努力，我们需要互相提醒、互相劝诫，从内心去接受这种理念，才能更有效地去实践它。

为何要采用绿色包装？

绿色包装也被称作“无公害包装”或“环境之友包装”，就是说它对生态和人体无害，还能够被重复利用，符合可持续发展的理念。因此它的初衷包含了两个方面，即环保和节约，这两者相辅相成、互为因果。

绿色包装的材料主要以天然植物以及相关矿物质为原料来合成的具有健康而环保的特性的物质，这种物质从被生产到使用，一直到废弃和再利用的整个周期里都符合节能减排的原则，是环境保护的真正朋友。

绿色包装的内涵

绿色包装实行的是包装的体积最小化，即在满足商品需要的情况下，尽量采用最小化的包装，减少成本和排放。另外绿色包装应便于重复回收和利用，减少对环境的污染，提升资源利用率。

绿色包装的材质应是可降解的，能够随时间而被自然界吸收，并改善土壤。而且，绿色包装在其整个生命周期里对人体和生物体完全无害，并符合相关标准的要求。这些都是绿色包装的内涵，是以节能减排为主要原则。

绿色包装的必要性

让包装物绿色化能够降低对环境造成的污染，让生态更多地保持平衡。它顺应的是国际上建立环保型社会的需要，在国际贸易中得到更多认可。另外它也是 WTO 和相关贸易协定的要求，是有义务遵循并实施的。

绿色包装可以帮助商品绕过新的贸易壁垒，如果相关产品没有绿色包装标志，就很难进入一些设定了非关税壁垒的国家。同时，绿色包装也是促进包装工业可持续发展的途径，它可以促进资源运用与环境保护协调共同发展。

中国在绿色包装上的发展

中国目前在绿色包装的设计与运用方面仍有一定的发展空间，还有很长的路要走。不过，现如今已经开始在积极开发绿色包装材料，包括避免使用含有有害成分的原料，尽量使用可再生材料和积极运用植物包装材料等，并选用单一包装材料，这样可以方便回收再利用。

在环保标志上向世界标准靠拢，这主要是考虑国际贸易的要求，如果自己的商品缺乏国际标准所要求的标志，将被直接拒之门外，失去出口的渠道。另外，在设计上要突显环保内涵，在意识形态上充分表达环保愿望，以此取得国际客户的更多好感。

出行节能减排小窍门都有哪些?

出行是人类最基本的活动，无论是工作、学习还是日常生活，都少不了出行这一环节。出行的方式多种多样，有步行、开车、坐火车和飞机等，选择不同的出行方式，不光是在出行成本上有差异，还会对能耗与碳排放量造成直接影响。

在资源危机和环境污染的双重压力下，节能出行是每一个人都要遵循和践行的原则。在保证出行安全与舒适的基础上，尽量选择节能环保的出行方式，可以为社会减少更多的能耗，为环境减少碳排放，是有益于社会的良好行为。

出行方式的选择

随着文明的发展和社会的进步，现在可供选择的出行方式多种多样，五花八门。过去，人们更多考虑经济上的要求，而现在大家的生活水平提升了，便开始追求更为奢侈豪华的载具，但这样无疑会增加碳排放量，给环境造成更多污染。

因此，如果我们出行的距离不是特别远，尽可能增加步行的时间，或者是用骑车和乘坐公共交通，比如地铁和公交车来代替私家车。如果上班路程较远又没有合适的公共交通，不妨选择和别人拼车，以此减少能耗，降低碳排放。

购车上的节能技巧

私家车主要的消耗品就是油料了，节油首先就要从选车开始。通常排量越小的汽车其油耗越低,购买小排量汽车将在后期省下很多油料。尽量不要购买油耗非常大的跑车。同时需要注意的是，新型车总是在功效比上更占优势，不妨多选择新型车。

在颜色上尽量选择色调较浅的车，这样在烈日炎炎的时候，车体吸收热量更少，可以减少空调的功耗，变相节油。而且，车身流线型较为圆润流畅的车型，跑起来受风阻更小，油耗也就更低。

车辆维护的节能技巧

定期对车辆的空气滤清器进行保养可以增加汽车的功效，同样，清除发动机内的积炭也可以起到同样的效果，可以提升发动机功率，降低油耗。蓄电池老化也会导致汽车油耗的增加，要每隔两三个月对蓄电池进行活化操作，让燃油效率提升到最高。

发动机油对油耗也有着直接的影响，其黏度越低，发动机的运动也就越轻松，因此不妨选择低黏度的发动机油。定期对水箱进行清洁，如果里面杂质过多，就会让散热不通畅，并降低发动机的能效。

第三章
工业中的节能减排

工业是国民经济的基础，是国之命脉。同样，工业也消耗了大部分的资源和能源，因此碳排放的比例非常大。节能减排的首要对象就是工业，想要做好它，首先要了解它并找到突破口。本章介绍了关于不同工业领域的现状与节能减排前景，让读者有一个综合的了解，并对当前工业发展的现状有一个大致判断。

为什么要提倡清洁生产?

清洁生产就是让产品的生产过程和产品本身都带有对生态环境的综合考虑与保护手段，以降低可能对环境造成的危害。它不光充分照顾对环境保护方面的策略实施，还考虑到了经济效益，力图让社会、经济效益整体最大化。

清洁生产即对产品的原料、工艺与使用的整个过程进行预防污染与有害物排放的策略实施。具体包括对原料的节约与筛选，剔除有害原料，减少废物的毒害性；对产品的制造过程进行管控，减少包括材料提炼与制造过程可能排放的有害物；在产品服务和使用过程中，也要保证其对环境的友好度。

实施清洁生产的内涵

清洁生产的理念主要涉及三个要点：一是原料与能源的清洁。要提倡使用无毒、无害的原料，并积极使用新能源和可再生能源，来替代传统的高污染能源。二是生产过程的清洁。淘汰落后的生产工艺，运用能效比较高的先进技术与手段来促进过程的清洁化。同时对人员和管理水平提出了更高要求。三是生产清洁型产品。让产品体现无毒无害且易回收的特性，同时要剔除不必要的功能，让产品具有更高的实用性，并强调质量与寿命的双高。

实施清洁生产的措施

清洁生产的实施是要从生产的整个流程和系统上来考察与进行的。首先设计阶段是基础,就是把产品的经济效益和环境影响进行统筹计划，优先使用没有毒害的原材料，并力求成本的控制。在生产过程中，要减少可能产生的污染环境的中间产品，并尽量使用较为绿色清洁的能源，加强对排放物的治理与再利用。

实施材料优化管理是其核心环节，包括对材料的综合评估，考量其可被使用率与循环使用的可能性。不光是避免生产过程产生大量污染，而且还要让最终的产品没有污染。

实施清洁生产的意义

清洁生产体现的是一种现代化的集约型生产，它能够整体提升生产结构和工艺，优化管理与人员素质，最大可能地提升资源利用率。它也是经济与社会效益的统一,因为它带来的是生产的科学化的现代转型，让资源的利用和环境的保护都得到同步的提升。

总之，清洁生产可以为企业带来诸多利益，能够从整体上提升其市场竞争力。清洁生产对节能减排的贡献也是十分巨大的，能够有力改善环境破坏与生态污染，并为经济的可持续发展助力。

怎样加强水的循环利用?

水的循环利用是指在工业生产过程中，车间和车间之间的给水与排水系统的一种用水闭路循环。在这个过程中，生产过程所产生的废水会被相应处理以便再利用，因为不需要太多新鲜水的补充，甚至不用任何水的补充，极大地提升了水的利用率，同时减少了废水的排放，降低了对环境的污染。

工业中水的循环利用是为了节约用水，保护生态资源，同时，企业也能够享受提升循环用水系统带来的红利，在实现社会效益的同时也增加其经济效益。

加强水循环利用的迫切要求

推广和加强工业中水的循环利用，有其内在的迫切要求。在全球正面临极为严重的用水危机的情况下，我们国家的用水短缺情况十分严重，人均水资源占有量甚至比全球平均水平还低。我国的水资源短缺问题很大程度上是因为巨大的人口数量和某些地区极大的人口密度所导致的，目前人均拥有淡水量仅占全球平均水平的 1/4，排在所有国家的第 121 位，也是水资源最为贫乏的国家之一。

这些触目惊心的数据，让我们对水资源的合理管控已经到了迫在眉睫、刻不容缓的程度，加强水资源的循环再利用，减少生产用水的消耗，也变得势在必行。

加强水循环利用的对策

工业用水的循环利用是社会水循环的重要组成部分。首先是针对工业污水的处理，随着工业的快速发展，污水排放的数量和危害也越来越高。在污水排放较多的地方建立污水处理厂是循环利用污水的主要办法，随着技术的进步，工业污水的再利用变得越来越广泛，使得污水也有了自身的价值。

工业用水占了社会用水非常大的份额，其中的浪费问题非常严峻。其中冷却水用量较大，可以积极回收并进行再利用。

加强水循环利用的建议

对于加强水循环利用的问题，各个地区都要依据自身不同的具体状况来调整策略。在水资源本身就比较缺乏的地方，要预先对产业结构进行合理规划，避免建造耗水量大的工业企业。

对企业内部循环用水要加大监控力度，制定较为合理的政策法规来管控企业的用水与排水。同时，企业要积极提升内部循环用水的结构升级改造，促使经济和社会效益得到互补性的发展和提升。

保温技术都涉及哪些内容?

建筑保温技术是指减少和减缓建筑物的室内热量向外散发的一种手段，这对于保持一个比较适宜的室内温度环境有着非常显著的作用。建筑保温技术是从建筑的外部结构上动脑筋，并综合考虑建筑朝向、平面与立体设计等，另外还包括整个建筑群体的总体布局特征。

建筑保温不光可以为室内创造一个温馨暖和的环境，还能够间接节约能源，在保持温度少流失的同时，可以让我们少耗费一些供热消耗，从而减少碳排放。可以说建筑保温技术对于节能减排战略的意义十分重大，现在，就让我们来一窥究竟吧。

建筑保温技术的优势

不知道你有没有这样的体验，数九寒冬的时候，当你走进一栋较为现代而新颖的建筑物时，会感觉到暖意融融，好像提前进入了春天。夏天时，当你觉得热得睡不着，把窗户打开时，会发现温度似乎很不容易降下来，这其实就是新型建筑保温技术在起作用。

相比一些老式的建筑，尤其是没有集体供暖设备的，常常会出现刚刚使用家庭取暖设备让室内显得暖和一些，可是关上设备没多久，就又冷得像冰窖。让人体感觉非常不适的同时，还浪费了大量的能源消耗。

建筑保温技术有哪些

建筑保温技术包括外墙内保温、外墙外保温和夹层保温几种。外墙内保温是指在建筑空间的内部墙体里运用保温材料取得节能保温的效果，而外墙外保温则是指在建筑物外墙的外侧运用一些保温材料达到节能保温之效果。外墙外保温也是当下被着力推广的一类建筑保温技术。

夹层保温技术是对外围的护墙采取分层处理的手段，生成一个墙体—保温材料—墙体的统一体系，以达到节能保温的效果。

建筑保温的措施

建筑内部的保温对于保持冬季室内宜居度和节省能源都有着重大意义。通常可以从两方面措施入手。首先是综合措施，即总体设计和布置建筑的朝向和位置，让建筑能够在冬天也可以获取充分光照，又能够更多规避冷风侵袭。

然后就是外围护结构保温，一般来说只要是有保温要求的建筑其外围护结构都应该有符合规定的热阻。要让窗户的气密性更好，并改良窗体构造和材料。地面也应该使用吸热系数较小的结构，来减少热量的损耗。

润滑油添加剂的作用主要有哪些？

润滑油添加剂就是指在润滑油中添加某种或多种化合物质，以便让润滑油取得某种新的特性或是改良本身所具有的某种特性。润滑油添加剂依据其功能来划分，主要有摩擦改善剂、抗磨剂、抗氧化剂和分散剂、清净剂以及防腐防锈剂等，不一而足、种类繁多。

从节能减排这个角度来看，润滑油添加剂不但可以提升润滑油的使用品质与效果，还可以减少单位做功的润滑油用量，对于节约能耗、减少碳排放有着十分巨大的助力作用。因此非常有必要去了解它们，并积极加以运用。

清净分散性添加剂的作用

清净分散性添加剂可以帮助润滑油将自身氧化之后形成的胶状物和积炭等不溶物质悬浮起来，成为一种较为稳定的胶体，从而不容易在零部件上沉积，减少对零部件的损坏作用。

清净分散性添加剂还可以把已经沉积在引擎零部件上的物质，运用润滑油的洗涤作用将其洗掉。这种分散剂具有一种表面活性物质，可以把油里的固体颗粒状物质吸附出来，悬浮在表面，这样实际在循环的润滑油就更为干净了，对发动机养护作用更佳。除了清洁作用，它还具有抗氧化和防腐的效果，因而也被称为多效添加剂。

抗氧剂和抗氧抗腐剂的作用

抗氧剂和抗氧抗腐剂的作用是十分显著的，因为润滑油在工作过程中要和空气相接触，其运行的工作环境也常处于高热状态下，容易让润滑油发生氧化变质。此外，零部件中的金属物质像铁和铜等都会起到一定的催化作用，加速润滑油的氧化过程。

假如润滑油氧化现象严重，会使其油体的黏度提升，并形成酸性物质，对零部件造成损害，另外，还可能形成一些炭状或是沥青状的沉淀物，这有可能将管路堵塞，造成较大负面影响。所以，加入抗氧剂和抗氧抗腐剂，则可以有效抑制润滑油的氧化，起到保护设备的目的。

防腐防锈剂和极压剂的功用

防腐防锈剂这种化合物的极性很强，对于金属表面的吸附力也较强，可以在金属表面形成保护层，避免腐蚀的介质和金属表面相接触，从而起到了防锈的功能。最常见的防腐防锈剂有磺酸钡、硼酸胺、羧酸胺和磺酸钙等。

极压剂在发动机低速高负荷运转或是高速冲击负荷的摩擦这种极压环境下，避免摩擦表面产生擦伤和烧结。它在摩擦表面上同金属发生化学反应，形成无论是熔点还是剪切力都大大低于原金属的化合物，形成润滑膜来保护设备。

变废为宝的意义和途径有哪些?

变废为宝是指积极利用传统意义上被认为没有利用价值的废弃物，通过灵活运用各种科技手段，让它们重新焕发生命力，变成有价值的可再利用的资源过程。在这个过程中，不仅将本来可能对环境造成污染的废弃物转化为有价值的原料，还为工业提供了成本低廉的再利用材料，可谓一举两得。

变废为宝是一种企业行为，也是一种社会理念，是对资源的有效、合理利用的一种追求，体现的是积极、向上的社会情怀。

变废为宝的内在需求

随着工业的快速发展，人口的快速增长，自然资源的开发利用也随之飞速提升。由于过度的开发和忽视回收再利用所导致的资源短缺，已成为全球普遍面临的严重问题。同时，相对短缺的资源还对应着相对泛滥的垃圾，处理垃圾本身也产生了巨大的成本消耗。

因此，合理利用废弃物或垃圾，运用各种手段让它们重新焕发生命力，变成可用原料，不仅能够有效解决资源短缺问题，还可以切实地让垃圾泛滥这个社会问题得到一定的改善。

变废为宝的概念

变废为宝主要指两种范畴。狭义上是指通过运用科技发明来创造利用废弃物的可能性，让传统上被看作垃圾的废物变成可以再利用的原料。比如 2014 年获得国家科技进步二等奖的污泥搅动型间接热干化和复合循环流化床清洁焚烧集成技术，2017 年获得国家科技进步二等奖的危险废物回转式多段热解焚烧及污染物协同控制关键技术，等等。

广义上是指积极再利用垃圾的一种观念，让本身就具有余热的垃圾物品重新回到它们的岗位上，继续发挥效用，这需要全社会的思想感染与熏陶，让大家树立节约的意识。

变废为宝的重大意义

废弃物品假如处理不当会给环境带来很大的污染，变废为宝可以将污染降低。废弃物品要占用一定的空间资源，而变废为宝恰好能为人类生存节约大量空间。垃圾在某些情况下是垃圾，但是在其他情况下，可以变为有用的东西，因此，变废为宝是资源再利用的积极尝试，有着很大的价值。

进行变废为宝本身就是一种十分向上的追求，它体现了人类对地球与环境的关爱和珍惜，表达了对于生活的克制与节省，是一种体现极强人文关怀与人本情怀的行为，它的社会精神意义也是非凡的。

为什么要发展环保汽车？

环保汽车是综合运用当下最新的低碳排放甚至零排放的技术，以能源低消耗和降低大气污染为原则设计制造的汽车。它的理念是以保护自然为宗旨，对自然资源进行合理运用，并切实有效地对环境和大气起到保护作用。

传统的汽车燃料是汽油或柴油，这种资源是不可再生的，世界石油资源也常处于短缺状态，而且其燃烧所产生的尾气会污染环境，让温室效应更为严重。考虑到这些负面因素，发展环保汽车已经是大势所趋。

环保汽车的分类

环保汽车主要分为三个主要类别：一是减少汽油发动机产生的尾气的危害，为改良行为。二是对驱动能源进行改革，使用汽油和电力的混合驱动，而且在尾气排放最多的起步阶段纯粹使用电力发动，在到达一定速度后再结合运用汽油驱动。这是因为高速阶段发动机对汽油的燃烧更为充分，尾气相对较少。第三种就是完全用不危害环境的燃料电池来取代汽油，是一种取代方案。它的原理是利用燃料箱里的氢元素和氧元素进行混合燃烧而产生能量让汽车驱动，因此其产生的废弃物只剩下水，是新一代环保汽车的代表。

环保汽车的发展方向

今后，传统的燃油车的市场占有率将慢慢降低，而电动车、混合型电动车以及燃料电动车的占有率将逐年上升，厂商们也会依据市场走向对这些新兴事物进行开发，追赶绿色环保汽车的大潮。

另外，排放更少、更为经济的柴油机的技术将会更为完善，并逐渐被越来越多的家用轿车所采用。电动车也会越来越多地被普及使用，在大家对环境保护的强烈呼吁下，电动车也会以不可逆转的趋势走进千家万户。而且，汽车的安全性、轻便性、科技性都会成为未来发展的主要方向。

环保汽车的特点和优势

首先环保汽车能够大幅度减少噪声污染，传统的汽油发动机在运行时会发出较为强烈的噪声。其次新型环保汽车可以降低大气污染，这种污染主要来自排气管排放出的尾气。汽车尾气是主要污染源，另外也包括汽油在蒸发过程中散发出的有毒物质。

新型环保汽车在应对上述两方面污染上具有优势，新型的电动发动机噪声更小，不会散发有害尾气，而且不会蒸发出有毒气体，对于环境保护和人体健康都不会产生影响。

环保运载工具都有哪些？

随着科学技术的不断快速发展，运载工具的发展已经不再仅仅局限于电动汽车。在驱动模式上，会逐渐开发出风力汽车、空气动力汽车和水力汽车等；在材质上，会开发出仿生汽车、木制汽车、竹制汽车和全塑料汽车等；而在运载工具的类别上，则会在自行车、高速列车、货轮和飞机上有新的发展。

这种趋势也说明了环保和节能减排作为时代的主旋律，必然会进入社会的各个领域，尤其会在能源消耗较大的、大家出行必备的运载工具上实现全面革新。

新驱动模式的环保运载工具

新驱动模式的环保运载工具远远不限于用电动取代汽油驱动。它们包括美国研制的风动汽车，即在车厢顶部安装一个充电风车，即使在汽车停泊的状态下，也可以随时吸收风力充能。还有印度正在研制中的空气动力汽车，采用的是空气燃料为动力，使用压缩空气瓶进行驱动，是一种零污染的动力系统。为了减轻轿车本身的重量，车身采用了玻璃纤维的材质。

此外还有一种用水作为燃料的汽车，通过对水分子进行分解来产生驱动汽车所需的电能，整个过程只生成对环境无害的氢气和氧气。这也是新驱动模式的最基本特点，以环保为核心考量原则。

新材料制造的环保运载工具

运用新材料制造的环保运载工具一般都是为了尽量减轻其车身重量，达到适应新驱动能源的驱动能力相对不成熟的特点。目前出现的包括有木制汽车、竹制汽车和全塑料汽车等。

美国率先制造出了木制的赛车，整个车身包括底盘都普遍采用木制纤维板，功率却比普通赛车更为强大，启动速度和加速能力也超过了一般赛车。日本研发了一种使用竹条制成的小车，因为自身非常轻便，每次充电都可以行驶较长里程。英国研发了一种全塑料材质的汽车，除了发动机以外全车都使用塑料制成，不用担心雨水冲刷导致生锈的问题。

其他类别的运载工具

环保运载工具的革新不单单出现在家用汽车领域，现如今正被越来越多地应用于各类交通工具中。比如电动自行车、电动高速列车、风筝货轮和新型环保飞机等。

英国研制了一种比传统电动自行车，也就是我们常用的电瓶车，更为轻便、续航能力更强的新型电动自行车，还装有显示电量和里程的表盘。中国产的新型电动高速列车 CRH3 曾经创下了 394.3 公里 / 小时的纪录，是现今速度最快的列车。此外，像轮船和飞机等制造费用高昂、运行消耗大的运载工具，也普遍向着环保型设计转变，为人类生存空间的改善贡献更多的力量。

工业锅炉怎样才能节能减排?

工业锅炉在很多工业的生产环节扮演着不可或缺的重要角色，为人民生活提供着必不可少的供暖服务，尤其是在较为寒冷的地区。尽管锅炉为我们的工业和服务业贡献着巨大的力量，但其大量的能源消耗与污染排放仍是不能忽视的问题。

随着政府发出的建设节约型社会的号召，今后节能减排也将成为中国的经济与生产的重中之重。虽然工业锅炉在我国的工业中占有举足轻重的地位，但其节能减排之路仍旧任重道远。

锅炉节能减排的现状

在经济发展的巨大推动力下，我国的工业锅炉技术与水平也得到了长足的提高，无论是种类上还是功能上都得到进一步完善。可是其中明显存在的能源浪费与环境污染问题也是不容忽视的，尤其在当下大力提倡建设环境友好型、资源节约型社会的环境中，更突显了工业锅炉令人担忧的现状。

首先是我国锅炉行业一般是各自为战，分布较分散，各个企业普遍产能较低，水平和层次大相径庭，这给统一治理工作带来了极大的困难。其次是我国虽然大量应用锅炉，但在能源利用率上和世界先进水平有较大差距。

工业锅炉节能面临的问题

在进行工业锅炉节能减排过程中，存在着诸多问题。首先，人员素质是执行各项具体工作的基础，锅炉操作和管理人员普遍业务能力不高，对于锅炉的节能减排工作的实施心有余而力不足。其次，很多企业的锅炉设备水平比较落后，容易产生燃烧不充分的问题，造成资源浪费和废气的增多。

当前我国锅炉设备普遍热效率不高，能源无法被充分和有效地利用。而且锅炉的自动控制水平也比较低下，这也十分影响其燃烧效率。

工业锅炉的节能措施

对于工业锅炉的节能措施，除了要从根本上改进和提升人员素质以外，还要对现有的比较陈旧和老化的设备进行更新换代，要对现有的比较落后的给煤装置、燃烧系统和炉拱进行合理改造。

除此之外，要把层燃锅炉改造升级为循环流化床锅炉，采用较新的变频技术和自动控制系统，这样可以对锅炉的输出进行即时调节，以取得节能的效果。并对废气处理的最后一环，烟气排放系统进行改造。

什么是余热利用技术?

余热的回收和再利用是指将生产过程中的余热重新回收，并在其他方面对其积极进行利用。其中主要包含热交换、热切换和余热制冷制热技术等。

目前我国对原料的运用率还处于较低水平，存在经济效益低下、环境污染大等严重问题，故而节能减排、大力提升原料运用率就成了迫切需要被解决的问题。而且，我国目前工业的总体性质里也包含了余热资源较为丰富的特点，这决定了其利用空间和减排潜力都是巨大的。同时，余热也被称为新能源，是当下我国节能减排的重点领域。

余热利用的经济效益

余热的回收和利用是提升经济效益和节省原料的一个关键手段，它包括热量和工质的共同回收以及纯粹热量回收。它的价值取决于其产量与质量两方面，产量是指热量的大小，而质量则代表品位高低。但是，无论是产量还是质量，都仅仅表示了它们的可用性，距离其真正有效被利用还有很长的路。

比如说，场所对于余热利用的有效性就有着十分重要的影响。另外，工作环境也非常重要，以及利用余热的具体方式方法等，这些都可以被归纳为余热利用的对象与条件。

余热资源的内容和特点

余热是指能源在使用过后的遗留物，也被称为二次能源，余热也是燃烧过程中释放的热能在完成某一工作后余下的热能。余热按照来源主要来自烟气、冷却介质、废气、废水、化学反应、高温产品和炉渣余热等。

余热资源的特点主要是它形式的复杂性，它的来源非常广，有着不同的温度范围。但是它也具有一些共同点，比如由于生产过程的周期变换导致余热的产生十分不稳定，余热的利用条件和环境也都较为恶劣，对于利用设备的技术要求很高，需要投入较多成本，等等。

余热资源的利用技术

鉴于余热资源本身样式和种类的多样性和复杂性，对于余热回收利用的工艺和条件就有一些特定限制，总体来说当前国内的余热回收利用包括热交换技术、热功转换技术和余热制冷制热技术。

利用余热的方式包括烧结废气、高炉煤气的回收利用、转炉煤气的回收利用、电炉烟气的余热利用以及轧钢加热炉烟气的回收利用等。

绿色照明技术的实质是什么?

绿色照明是美国于20世纪末提出的一种环保模式，包括高效节能、安全、环保和舒适四个范畴指标。其中的高效节能是直接和节能减排挂钩，即使用相对较少的电量来获取较为充分的照明，来间接降低污染物和废气的排放，从而取得环保的效果。

绿色照明这一理念让我们突破了之前仅仅停留在认识层面的节能意识，上升到了对人类生存环境保持的高度，这样就产生了更为深远的影响。它不光是为了经济效益而提出和实施的，更是注重对地球资源的保护。通过节省能耗而降低对发电量的需求，从而降低温室气体的产生和排放。

绿色照明的实质

绿色照明的实质所要求的不单单是传统意义上的节能，也不是一味地为了节能而降低照明标准，而是利用高科技整体提升照明设备的效率和水平。高效的照明产品其效率可以比传统照明设备高出甚至一倍，足可以见其出色的效果。

而且，绿色照明也不能单单考虑器材本身的质量，还要从全局建筑工程整体设计上进行考量和实施。此外，合理而有效的后期维护也是至关重要的。

绿色照明的原则理念

绿色照明是希望运用科学的手段来设计制造环保而又稳定舒适，同时具备经济与社会效益的照明产品，以此建立起一个高效环保的体现高度文明特征的照明环境。基于此，绿色照明首先要具有一定的可持续发展潜力，节能是首先要考虑的，要把能源的利用率提升到一定水平，这样对环境的保护就能起到相当大的帮助。

绿色照明在具体实践环节还包含了对照明器材，包括光源、灯具、附件和配线等的合理运用与搭配，来适应具体的采光要求和环境，让高效的照明设备在更为高效的运用过程中发挥最大的效益。

绿色照明的理想目标

绿色照明的理想目标包含很多内容。比如说使用无汞的材料，因为汞具有毒性，对环境会造成巨大的污染并形成后遗症。而在节能上要涵盖灯具从材料到成品的整体过程节能，其附件要节约使用一些价值较为昂贵的金属和非金属材料。

在光源的清洁度上，要达到无紫外线成分。并且寿命也是考量的重要指标，因为较长的寿命也节省了大量的废品消耗，是一种变相节省。另外，照明器材失效后本身应是可以回收再利用的，不会给环境造成太大污染。

什么是工业节水技术？

一般来讲，工业节水包含了技术和管理两个大的范畴。技术上的手段包含：通过设计和建设较为完备的循环水处理系统，以此来提升工业用水的重复使用率，水的运用率提升，实际耗水量降低，就可以大大降低水资源的浪费。

另外，还要对工业生产工艺和用水技术进行革新，主要内容有：运用新型的节省用水工艺，并运用对环境污染较少或者零污染的工艺技术，以及推行使用新型节水器。

工业节水技术的内涵

工业节水技术的实质和内涵是提升工业用水的效率，增加经济效益，并减少水资源的浪费，还包括常规水资源的替代技术。

工业节水技术分为直接性的和间接性的节水技术。直接性的即直接对水资源进行节约化应用，减少水资源损耗；而间接性的技术即本身虽然不使用水，却能够间接帮助减少水资源的浪费的一种技术。很多技术是相互联系的，很多节水技术也和节能、环保、清洁生产、循环经济等技术关联到一起，发展节水技术的同时可以让这些相关技术都受益。

工业节水的现实问题

人们对工业节水的紧迫性和重要性缺乏充分的认识，人们总是倾向于把水看成取之不竭的资源，认为地下水是无穷无尽的，这种缺乏科学认识的落后观念让工业节水频受阻力。同时，工业水价和排污费用设置偏低，企业缺乏节省用水的动力。

工业布局仍有不合理的地方，高用水的行业在某一地区过于集中，容易导致该地区水资源缺乏问题更为突出。再加上很多企业没有积极开展节能节水的工作，在薄弱的管理状况下使得水资源浪费日趋严重，成为亟待解决的现实问题。

工业节水的主要技术

工业节水主要包括几方面的技术：首先是对水进行重复利用，提升水的利用率；其次就是重点开发高效率的冷却节水技术；最后是在加热炉等高温设备上开发运用汽化冷却技术，并充分运用水汽分离后的汽。

而且，还要革新和发展洗涤节水技术，以及给水和废水的处理环节。非常规水资源利用也是需要重点关注的一环，它是替代水资源的重要思路。另外快速堵漏修复技术也是节水技术中必不可少的一部分。

发展清洁新能源包含什么内容？

清洁新能源就是指绿色能源，该能源在使用时不会产生污染物体，是一种环境友好型能源。具体来讲，它不仅仅是对能源进行类别划分，而是指能源利用的整个技术体系。同时清洁能源不光是重视其无污染性，还强调经济效益和社会效益的统一性。

对于清洁能源的界定也需要符合一定的标准。可再生能源是清洁能源的重要组成部分，它是指这种能源的可重复利用性和非损耗性，比如水力、风力、太阳能、地热能、潮汐能等。这种永不耗竭的能源也越来越受到世界各国的重视。

能源与清洁能源的含义

能源是为人类活动提供动力的物质基础。一般来说，人类社会不停地向前发展，离不开对更为先进的能源技术的运用。在现今社会，新能源的开发与运用、能源的使用与环境保持的关系，是全球普遍关注的热点问题，也是中国寻求自身发展需要考察问题。

清洁能源包含了可再生和不可再生能源两个方面。可再生能源是指消耗之后可以自然恢复且很少产生污染物质的能源，比如太阳能、水能、风能、氢能等，但是利用这些资源其投资和维护成本较高。而不可再生能源包括低污染石化能源，比如天然气等。中国在利用清洁能源上处于领先地位。

清洁能源的具体类别

清洁能源的类别非常广泛，它包括海洋能、太阳能、风能、生物能等。

海洋能是指蕴含在海水里的能源，是以海洋水体的流动形式存在的；太阳能主要是通过光热转换和光电转换来实现其效能的，它也是一种零污染的环保能源；风能是通过对地表的空气流动收集到的能量，它也是一种可再生、零污染的清洁能源，是全球都在积极利用的资源；生物能是太阳能以化学能的形式贮存在生物质中的一种能量形式，也是唯

——一种可再生的碳能源。

应对能源危机的途径

应对能源危机有以下几个途径。首先是要形成较为高效的能源生产体系，并且建立合理的能源使用层次和结构，并控制能源消耗总量。目前我国能耗非常巨大，但普遍使用效率较低。

其次要积极开发对清洁能源的运用，尤其是可再生资源。形成一个可循环、轻污染的能源运行体系，在达到一定经济效益和功能保障的同时，对环境污染最小化，这也是对可续持发展的有力支持。

为什么要杜绝过度奢侈包装?

在商品社会高速发展的大潮下，商家为了推广自己的产品，为了在竞争中占有优势，不惜使用奢侈包装来增加商品的形式档次，以期吸引顾客的眼光，并虚高商品的价格。

可是，这种盲目包装商品的行为，不仅对消费者是一种误导，让他们购买的产品实际价值远远比不上所花的高价。更为严重的后果是，这种过度包装产生了更多的废弃物和垃圾，对环境造成更多的污染和损害，而且是完全不必要、完全可以省掉的环境损害。

过度奢侈包装的表现

传统的包装本身是商品在流通过程中的一种必要保护，是为消费者便于携带的一种附加物。但是现在包装早已超越了传统包装的那种朴素和简约，而是极尽奢华之能事，为了吸引顾客眼球而肆意浪费。

比如，一块小小的月饼，竟然会躺在一个真皮的华丽包装盒内，体积要数倍于月饼本身，为了吃一块月饼，却让数倍于它的包装物成为环境的污染源，可谓暴殄天物。有的补品本身体积很小，价值也平平，却像煞有介事地包装在丝绸盒子里，其浪费程度令人咋舌。

过度奢侈包装的后果

社会应该大力提倡用简单包装来替代过度奢侈包装，其必要性用简单的数据对比就可以看到。比如铝质的金属包装物，它们的制造过程会消耗更多的能源，如果能够减少 1 千克的这种过度包装用纸，则可以减少煤耗 1.3 千克，减少排放二氧化碳达 3.5 千克。

假如把这个数字用年度节省数值来表示的话，更为触目惊心。假如按照每年减少过度包装纸 10% 来估计的话，每年可以节省 90 万吨纸张，节省 120 万吨煤，降低排放二氧化碳达 312 万吨。看到这组数字，相信每个人都有拒绝购买奢侈包装品的欲望了。

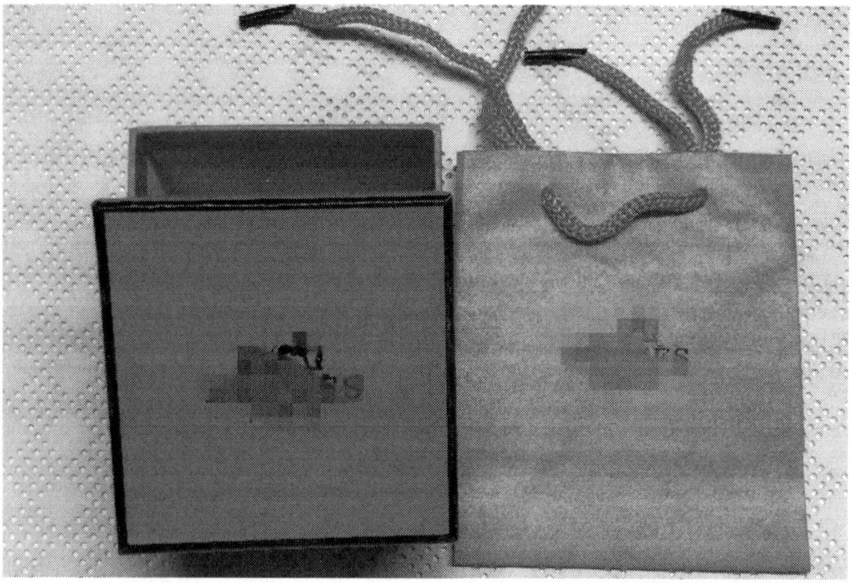

包装物的重复性利用

把废纸重新加以利用，生成新纸，也被称为第四种森林。假如用废纸来重新制造 1 吨的新纸，就能少砍伐高为 10 米、直径 0.2 米的树木 10 棵，相当于节省电力达 300 度，节约水资源 240 吨。这样的环保力度无疑是非常可观的。

美国对废纸回收非常重视，每年能回收达 4000 万吨。假如把全球废纸的一半加以回收再利用，就能满足新纸需求的 70%，等于保护了 800 万公顷森林，对地球生态的保护无疑是非常有益的。

石油化工行业如何节能减排?

石油化工行业涉及的范围很广，产品种类繁多，主要指以石油和天然气为原料的化学工业。它是化学工业的主要部分，也是国民经济的重要支柱型产业。

石油化工行业主要是以石油和天然气为原料，加工生产相关石油化工产品，包括各种燃料用油如汽油、柴油等，以及石油提炼过程的伴生物如润滑油、沥青等。对于化工产品的制造，首先要把原料油品进行裂解，生成基本的化工原料，再将它们分别合成所需的材料，比如塑料、橡胶和纤维等。

石油化工行业节能减排的意义

首先，石油化工行业节能减排的意义一部分来自行业本身在国民经济中所占的分量，一部分来自行业的性质。对于前者，石油化工行业是当前能源的主要提供方，也是材料工业的支柱之一，而且能够促进农业的发展，可以说各行各业都离不开这个行业，这也决定了对其进行节能减排有着重大意义。

其次，就是石油化工行业本身属于化学工业，产生大量的具有腐蚀性和污染性的废气废物，会对环境造成较为严重的损害，是必须施以严格的减排措施的。

石油化工行业的排放标准

为了贯彻《中华人民共和国水污染防治法》《中华人民共和国环境保护法》《中华人民共和国大气污染防治法》等法律法规，国家从保护人类生存环境、降低污染的宗旨出发，对石油化工行业制定了相关监控条令。

涉及该行业的企业要严格遵守《关于恶臭污染物和气体污染物的排放标准》，对所产生的固体废弃物要进行严格鉴别，并要同国家相关强制标准相适应。

石化行业的节能减排工作

在节能减排工作中，首先要对节能减排有深刻的认识和坚定的信念。个人意识决定自身行为，必须明确其重要意义，才有可能全身心地投入节能减排工作中。

其次，在设计上一定要遵循排放统一的原则，把一种类型的废弃物排放到集中地点进行处理。在进行废弃物回收的过程中一定要严格遵守各种审批程序，保证安全。最后，对于配套设施也要积极进行循环使用，杜绝浪费，不放过任何一个可以节省资源和贡献环保的机会。

如何对冶金行业节能减排?

冶金行业就是指对金属矿石进行开采、精选和炼制的行业部门。它包含黑色冶金工业，即生产铁、铬、锰等为工业、运输业、建筑和军工行业提供原材料，以及有色冶金工业，即生产如铜、铝、镍和贵金属、稀有金属等。

我国的冶金行业是基础工业中的重要一环，在国民经济的发展中起着支柱性的作用，为工业、建筑业和运输业等涉及国计民生的产业输送原材料。因此其节能减排工作也具有重大意义。

冶金行业节能减排的意义

正如上面所述，冶金行业在国民经济中的地位举足轻重，它的巨大体量本身决定了对其大力实施节能减排的潜在效益和必然趋势。

冶金行业因其特殊原料与生产过程，注定了要产生较大的污染，比如原料运输过程中产生的粉尘、燃烧过程中产生的废气和废渣，如果处理不当或者不充分，都会对环境造成更为严重的损害。所以，对冶金行业进行节能减排工作就如同它本身的经济效益那样同等重要，甚至要将节能减排的社会效益和经济效益统一起来，才能实现双赢的局面。

我国冶金行业节能减排现状

最近10年，我国冶金行业一直处于快速发展的势头，钢产量成倍增加。但同时表面的繁荣也隐藏了能耗的快速增长和环境负担的加剧，节能减排工作面临的挑战也日趋严峻。

总体来看，虽然在各部门的大力督促下，冶金行业的节能减排效果取得了长足的进步。可是当前依然存在原料利用率不够充分、废物废气的重复利用率低，以及废弃物的排放处理不够完善等弊端。因此还有很长的路要走，还有很大的空间和潜力可挖。

冶金行业节能减排措施

冶金行业的从业者要深刻认识节能减排的重要意义和巨大的经济与社会效益。积极开发和引进先进的节能减排设备，让节约贯穿原料、燃料和各类材料及设备，实现整体的节能，才能综合实现减排。

同时，冶金行业还要放眼全球范围，积极引入前沿工艺与技术，从结构上升级现有设备，让新投入的项目从较高的起点出发，并改造或报废较为老旧的设备，逐渐把单体节能降耗向着系统节能减排转型。

有色金属行业如何节能减排?

金属一般分为两个大类，而有色金属行业指的是对除了铁、锰、铬这些黑色金属以外的各类金属的提炼和生产部门。其产业链包括对矿石的勘探、开采、提炼和轧制等过程。其产品广泛为经济生产和人民生活的各个领域所应用。

虽然有色金属行业对国民经济有不可替代的重要性，是生产生活不可或缺的领域，但该行业所造成的巨大环境污染也是不可忽视的问题。无论是对矿石的采集，还是精炼过程，都会生成大量的废气、废水和废物等，需要针对其进行严格的治理。

有色金属行业的环境污染

有色金属行业对环境所造成的污染包括废水、废气和固体废弃物等。首先是废水污染，基本上贯穿于各道工序之中，根据来源又可分为来自矿山、冶炼和加工过程中的废水。因含有重金属，如果处理不当容易对人体或其他生物造成严重伤害。

废气也广泛产生于有色金属提炼的各个环节，会产生富含污染物质的有毒气体。另外还包括固体废弃物，主要包括提炼剩余的废石、炉渣和脱硫石膏等。假如不经处理就投放到外部环境，容易对土壤和地下水造成严重污染，让生态环境遭到破坏。

有色金属行业污染处理技术

有色金属行业污染处理技术包含对废水、废气以及固体废弃物的回收与处理。废水处理主要包括硫化物沉淀法、吸附法、膜分离法、中和沉淀法、离子交换法、HDS 工艺和生物法等。

在废气处理上，可把对粉尘的处理分为尘源管理和传播途径管理两个方向。要对含硫烟气进行脱硫处理，对含有氟、氯和氯化氢的气体进行严格处理。对于固体废弃物，或进行重复综合利用，或进行妥善处置，都必须严格遵循相关规定。

有色金属行业节能减排的意义

我国是全球最大的有色金属生产国，也是首要的消费国，有色金属行业也因其特殊的应用价值在国际市场上价格节节攀升，发展势头迅猛。但是其巨大的商业价值并不能掩盖其对环境的较为严重的污染，甚至还威胁着人的生命。

因此我国有色金属行业的发展要把视角放在“可持续”这个关键词上，做好对废气、废水和固体废弃物的处理和处置。把节能减排落到实处，使该行业得到健康绿色的发展。

如何进行电力行业节能减排？

电力是当前社会最为基础的能源，人们的生活哪儿也离不开电力的供应。而电力行业也是经济建设中最为关键的基础性产业。随着中国经济的快速腾飞，用电总量也在飞速攀升着，呈现出欣欣向荣的可喜局面。

但是，电力行业的能耗高和污染突出问题也是无法被忽视和掩盖的，也是地球环境遭到破坏的潜在威胁。因此必须积极对电力行业进行节能减排治理，让经济和社会得到可持续发展的保障。

我国电力行业节能减排状况

经过改革开放以来的长足发展，国家对电力行业进行积极优化调控，能源结构得到了大幅度调整，火电能源所占比例不断降低，而核电的比例不断提升，水力、风力等可再生资源也得到提升。

而且，电力行业的输电线损耗也得到有效控制并呈不断下降趋势，能源利用率不断提升。所产生的污染得到了基本控制，烟气脱硫机组也在持续扩大中。此外，在烟尘排放管理上也已达到了世界先进水平。

电力行业节能减排相关政策

为了加强对电力行业节能减排的管控和激励，国家也陆续出台了一系列指标和规范，来具体指导和管理各级政府和企业对电力行业节能减排的实施情况。比如《关于加强燃煤电厂二氧化硫防治工作的通知》《燃煤二氧化硫排放污染防治技术政策》等。

对于当前使用的较为老旧的发电机组，也提出了要求改进的规范通知，比如《关于加强燃煤电厂二氧化硫排放污染防治技术政策》等。

电力行业节能减排的措施

电力行业节能减排的措施包括：首先，对现有产业结构进行进一步调整，并积极开发利用可再生能源，在行业实现环境友好型转化的基础上，实现社会经济效益的统一。其次，更多地使用寿命和使用年限较长的机组，来降低整体的设备消耗，减少行业资源浪费。最后，对于脱硫设备也要加强建设，强化对二氧化硫的排放控制。作为主要关注点，国家专门出台了相关政策来对二氧化硫排出量进行监控和检测，对不符合标准、整改不彻底的企业也实行了相应惩治。

如何实现水泥行业节能减排?

水泥是最为基础的建筑材料，世界上没有一种材料能够代替它，水泥工业的发展水平也是衡量国家整体经济和综合国力的标准之一。中国无论在水泥的生产还是消费上都名列世界前茅，尤其是产量一直稳居国际首位。

改革开放以来，国内的建设规模与速度不断加快，水泥工业发展势头迅猛。但也随之出现了一些问题，比如由于行业过于分散，很多厂家规模小，产品质量较差，无法达到国家要求的标准。除此之外，还存在能耗较大、污染较为严重的问题。

水泥行业清洁生产的作用

水泥行业清洁生产是指运用较为先进的工艺与设备，采用较为合理的原料和能源，在严格的质量控制和相关规范指导下进行的生产过程，可以提升资源利用率，减少污染物的产生，可以得到较为明显的经济与社会效益。

施行清洁生产能够让生产过程更为绿色环保，降低工业的污染负荷。清洁生产也是从污染的源头进行预防和控制的手段，让环保工作有了扎实的基础，并且能够比末端污染治理省去更多成本。清洁生产强调的是经济可持续发展的理念，促进工业生产与环境保持的协调进行。

水泥行业的清洁生产技术

当前水泥行业较常使用的清洁技术主要有：使用大型干法生产的工艺，提升技术水平并减少能耗。积极运用低温余热发电技术，提升能源的回收率。采用低阻高效的生产设备，有效减少水泥的热耗。

引导水泥行业的发展趋势向着规模化和大型化行进，生产过程自动化、智能化。合理运用这些改进的途径，都能明显增强能源使用率。在改善生产环节的基础上，再辅以高效的物流流通体系，以及废旧材料的回收再利用，就能在整体上全面推进清洁化生产。

水泥行业的发展趋势

水泥行业正向着结构调整的方向不遗余力地迈进，要解决产能过剩的问题，就需要进行产业升级，在控制总产量的同时提升整体质量与环保等级。同时，行业内部也在积极寻求工艺和技术创新，对于创新的成本投入日益增多。并且密切关注世界水泥行业的发展动向，在绿色生产、降低污染上投入更多力量。

质量生产与绿色生产是未来水泥行业的发展方向，当下的产能过剩是相对过剩，优质而环保的水泥产品相对短缺。水泥行业要积极寻求市场与社会效益相结合的发展之路，才能可持续地走下去。

第四章
农业中的节能减排

在建设社会主义新农村的政策激励与号召下，农村的各项工作都开展得如火如荼，呈现出一派欣欣向荣的景象。但农村基础设施水平还不够好，出现能耗较高、环境污染较大的情况是我们所不能忽视的。为了提升农村生活质量，提高农村环境水平，就必须大力倡导农业节能减排，让农业领域实现经济与社会效益双丰收。

为何要进行农村节能减排?

随着社会经济发展的不断加速，及新农村建设的不断推进和拓展，农村的原料和能源消耗的数量和速度也在快速提升。而发展的体量和速度的增长也带来了能耗增加与污染增多的问题，这些都是制约绿色发展与可持续发展的瓶颈。

为了让农村的社会经济能够健康持续地发展下去，就必须对农村的能耗与污染问题进行切实的处理和解决，大力开展农村节能减排活动，让农村在实现降低能源成本，节省投入并获取更多经济效益的同时，能够取得绿色环保的社会效益。

农村节能减排工作的潜力

虽然在建设社会主义新农村的政策激励与号召下，我国农村各项事业都在如火如荼地大力进行着，但是掩盖不了农村基础设施水平较为落后，社会经济水平还普遍较低的现状。这就需要在提升原料和能源利用率上做文章，降低发展成本，有效提升农民生活水平。

整体起点较低也正是其潜力所在，当前农村有很多特有的原料和能源资源没有得到有效的开发利用，相对浪费比较严重，不仅制约了经济的快速发展，还让环境污染进一步升级。由此可见，农村节能减排工作已经迫在眉睫，势在必行了。

为何要在农村开展节能减排

在农村施行节能减排首先是由农村地区相对丰富的资源决定的。利用现有资源进行开发的优势就是投资成本较少，甚至零投资。包括对秸秆、牲畜粪便和农作物加工副产品等农村常见废弃物的处理，通过开发沼气工程的方法进行循环利用。

在能源的综合利用上，可以根据农村环境灵活开发运用再生能源，比如风能、太阳能等，能够绿色环保地满足部分能源需求。以部分替代高污染能源，有效保护了生态环境，加速可持续发展农业的建设。

农村开展节能减排的意义

在农村开展节能减排有非常重要的现实意义。提升能源利用率可以降低生产成本，提升经济效益，为农村创造更多就业机会，让更多适龄青年愿意留在农村发展。这样不仅给城市减轻就业压力，也为农村重新焕发生机创造了机会。

提升经济效益只是增强农村吸引力的一部分，更重要的在于全面提升农村的生活环境与舒适度。通过大力推行减排工作，可以让农村的环境更为清洁和宜居，也可以切实提升农民的生活质量，让社会主义新农村的政策落到实处。

农村节能减排推广如何进行？

节能减排工作不能只靠蛮力，而是要综合运用各种高新技术手段，合理根据现有资源开展工作。在农村推广节能减排，要根据农村特有的性质，以及各地农村独自的特性，因地制宜，按部就班地进行各项技术运用。

为此，农业部针对当前紧迫的农村工作局势下发了《关于加强农业农村节能减排工作的意见》，要求相关从业人员加强节能减排意识，积极寻求、计划和执行相关任务，把工作落到实处。

农村节能减排工作的现状

我国农村区域与人口目前仍然占有巨大比例，广大农村地区普遍存在经济水平较低、生活质量不高、基础设施落后的局面；乡镇企业设备和工艺陈旧，资源浪费严重，这也导致了能源利用率不高、能耗相对较高的问题出现。这些都增加了生产和生活成本，对环境也造成较大的负担。

但是，这种较低的起点也恰恰是农村节能减排工作的巨大潜力所在，全国农村会产生6亿多吨秸秆，可以为1.5亿农户提供沼气原料。在粮食供给得到保证的同时，农村还拥有大量适宜种植非粮食能源作用的土地。而且，对于化肥、农药等化工产品的低利用率，也是排污工作的潜力所在。

农村节能减排工作的策略

为了有效开展农村节能减排工作，要大力进行相关知识与理念的宣传和教育，首先要让人的素质水平达到工作要求。通过各种媒体开展科普宣传，定期进行教育培训，全面提升农村居民的节能环保知识与意识。

要充分利用当地各类原料和资源，特别是可再生能源，农村可以运用的能源主要有生物质能源、风能、太阳能和低热等。把提升资源利用率作为重点来抓，其中化肥和农药的低利用率是成本浪费和环境污染的主要问题。

农村节能减排工作的技术

农业农村节能减排的主要技术包括：能源作物的开发利用技术，风能、太阳能综合开发技术，牲畜、禽类粪便综合开发技术，秸秆能源综合利用技术，农村小型电源利用技术，农村省柴节煤炉灶炕技术，农业主要投入品节约技术，生活污水处理技术和耕作制度节能技术，以及农机和渔船节能技术，等等。

为什么沼气开发很重要？

沼气从字面上来看就是沼泽湿地中产生的气体，我们经常可以在沼泽和污水沟里看到有气泡往上冒，有明火的话还可以点着，这就是自然生成的沼气。从概念上来说，沼气是各色有机质，在厌氧、适宜温度和 pH 的环境下，通过微生物发酵而形成的可燃性气体。

沼气不是单一性质的气体，而是由多种气体混合而成，和天然气有着相似的特性。沼气除了能够直接用在炊事、供暖、照明与农产品烘干上以外，还能作为内燃机燃料使用，以及用于甲醇和四氯化碳等化工材料的生产，等等。

沼气发展的现状

国际上已开始把沼气用于燃料和照明之用，同时也用它来代替柴油和汽油，效果是相当不错的。一些发达国家正积极利用微生物发酵过程来消化农场的废弃物，并生成甲烷。英国利用有机废物生产的甲烷甚至代替其 25% 的煤气消耗量。

在国内，沼气的开发也有着迅猛的势头，沼气池的总量达到了 1000 多万个。在东部沿海各省，有些村镇除了用沼气做饭和照明之外，还建起了小型的沼气电站，利用沼气发出的电能来进行一些农副产品加工的事业，既通过节省产生不菲的效益，还环保，可谓一举多得。

农村沼气的常见问题

农户在管理沼气时，最多见的问题有这样几点：首先是农户普遍缺少对沼气池进行科学管理的知识，很难保持正常而持续地利用沼气。其次就是农户对沼气池相关配套设备，包括灶具等的自我检查、维护保养以及维修的能力还较为薄弱。

农户对沼气能够为自身生活带来的好处缺乏足够的认识，因此在推行沼气的过程中，得到的响应也不是很热烈，缺乏实施的积极性，导致农村的沼气开发事业一直停滞不前，进展缓慢。

对沼气工作的改进建议

首先是要对农户加强专业教育和知识培训，尤其是要培养一批专业性的沼气技术员，来为农户实地进行服务。要运用各种传播方式，比如集会、广播和电视等各种手段来推广沼气技术与维护技巧，让农户明白沼气开发的意义和功能，从而投入更多积极性。

其次，使用沼气的农户也要坚持长期养畜，没有畜禽粪便这些原料，就无法产生沼气。同时要加强对沼气池的后期运营管理，帮助农户排除沼气池故障，让沼气池的效率更高，节能减排的效果更显著。

怎样合理利用秸秆资源?

一般来讲，秸秆是指小麦、玉米、水稻、甘蔗等农作物的成熟茎叶在收获后的剩余部分。农作物经过光合作用，有超过一半的生物质价值都存在于秸秆之中，其富含有磷、钾、氮等有机物，可被用于多种用途，是一种可再生资源。

秸秆也可作为粗饲料来使用，因为它含有较高含量的粗纤维以及木质素等。虽然它们不能被鸡和猪充分利用吸收，却可以被很多反刍动物进行吸收利用，比如牛和羊。

农村利用秸秆资源的意义

秸秆资源功能多样，可用于燃料、饲料、肥料以及工业原料等，与农村生产生活联系紧密。成规模、高效率地开发秸秆资源，可以有效提升农民收入，提高农村生活质量。这对于农村可持续发展，推进社会主义新农村建设都有着十分积极的意义。

积极利用秸秆资源还可以从侧面减少对其直接燃烧所造成的大气污染和环境危害，对于改善农村生活环境，构建绿色环保社会具有非常重要的重用。

农村利用秸秆资源的现状

根据统计结果，可以看到我国每年秸秆资源的产量超过6亿吨，其中，有30%是直接还田，22%过腹还田，而剩下的约3亿吨秸秆则可以作为能源来利用，而这些能源如果折算成煤炭资源，等于1.5亿吨标准煤的热量。

但是我国农村目前对秸秆资源的利用还比较落后，有相当一部分秸秆被直接燃烧，产生大量的污染气体，对环境造成损害和影响，对人畜也带来极大的伤害。同时，秸秆资源的利用率不高也亟待处理和提升。

农村利用秸秆资源的方式

农村利用秸秆资源的方式主要有：通过运用先进炉灶的方式进行直接燃烧利用，或者制成颗粒、块状或棒状的固体燃料，抑或制成汽化燃料。

或是通过堆沤还田、过腹还田、直接还田等方式来实现粮食的增产。

秸秆还能够替代一部分砖和木料，来作为轻工、纺织与建材材料使用，有效保护森林资源。并可作为再生生物油和发酵饲料来使用，充分发挥秸秆能源的功效。不仅减少了直接燃烧对环境的危害，还为农民带来了实际的经济效益，值得大力推广和应用。

如何利用农村畜禽粪便?

畜禽粪便是农村比较丰富而常见的剩余资源，虽然看起来好像没什么作用，但如果积极对其加以运用，还是可以带来很多经济效益。而且在利用的过程中，也解决了粪便污染问题，为保护农村生活环境带来正面意义。

畜禽粪便利用技术就是广泛考察和依据自然条件、畜禽规模、环境条件等综合因素，运用多种工艺与思路，科学地对畜禽粪便进行治理和利用。在保护和提升生活环境的同时也带来一定的节能效果，降低生活成本，增加经济效益。

农村户用沼气技术

沼气技术是使用沼气发酵设备，把养殖的牲畜所产生的粪便以及人的粪便，包括一些有机垃圾进行集体厌氧发酵处理，可以生成沼气能源。沼气可以作为照明和做饭的能源来使用的，而沼渣与沼液则可以在农业生产中得到利用。

农户家用沼气池一般体积为 6 ~ 10 立方米，设备包括沼气发酵装置、沼渣利用装置以及沼气输送系统。此技术既提供了成本低廉的清洁能源以及无危害性的肥料，又有效地解决了粪便的污染，让农民生活环境得到改善，对减排降污起到了积极作用。

大型畜禽养殖沼气工程技术

这种大型畜禽养殖沼气工程技术主要是用于规模化畜禽养殖场禽畜粪便污染的治理，主要技术环节是禽畜粪便的厌氧消化，此系统工程技术整合了污水处理、沼气生产以及资源化利用。包括预先处理、厌氧消化、后处理和综合利用四个阶段。

大型沼气设备要具有污染治理、能源生产和综合利用三个主要功能，畜禽粪便经过厌氧消化之后，既能够获取能源，还可以对资源进行综合运用。这种大型设备是集环保、能源和再利用为一体的系统技术，集约了节能与减排的双重功效。

其他的利用技术

农村畜禽粪便的利用还包含其他一些相关技术，比如粪便堆沤处理技术，用于有机肥的生产。由于粪便富含各种营养物质，属于农业优质肥料，可大幅提升农产品产量与品质，十分有利于现代有机农业的发展。

其他技术还包括将畜禽粪便进行还田运用，这是一种较为传统的利用方式，但需注意施用量不可过大，倘若超过了本身的承载力，会反过来影响作物成长，还会污染环境。另外，畜禽粪便蚯蚓资源化处理技术，是利用蚯蚓的生物消化与分解能力，将粪便转化为更便于利用的营养物质。

何为农村省柴节煤炉、灶、炕技术？

农村省柴节煤炉、灶、炕技术是一种经过科学设计而建造的广泛用于厨房、取暖等生活必需领域的设备，它是运用燃烧学与热力学原理，充分考察农村直接燃烧秸秆和煤炭的普遍生活现象后有针对性的研发制造。

从名字就可以知道，它的存在是相对于农村老式的传统炉、灶、炕来说的。它不光是把其内部结构进行了革新，让效率显著提升，排放也大大降低，而且具有安全、卫生和方便的特点。它具体包含了以下三种技术。

农村省柴灶技术

同传统的柴灶比，新型的省柴灶对灶膛、锅壁以及相对距离等方面进行了改良，并优化烟道、吊火高度以及通风等的设计，还增加了保温环节与余热利用设备，可以把热效率提升 20% 以上。拥有节省燃料、省时方便和卫生安全的特点。

按照不同地方的文化与生活习惯，有很多传统型的省柴灶。根据来源可分为自建砌筑灶和商品灶，根据助燃方式分为自拉风灶和强制通风灶，以及前拉风灶和后拉风灶等。

农村节煤炉技术

随着现代技术越来越多地运用于农村各项设施，传统的自建型砌筑炉灶也显现出它自身的受人为影响较大的缺陷。就算是同一个人所砌的炉灶，热性能差异也较为明显。而可移动的商品化节煤炉不仅规范，而且对各个环节进行了科学化改进，同时还增加了保温材料和余热再利用装置，提升热效率至 40% 以上，具有寿命长、安全耐用、能效稳定、移动方便等特点。目前根据农村节煤炉技术研发的新型炉灶，无论在类型还是类别上都更为丰富繁多，可以广泛运用于各种场所和环境中。

农村节能炕技术

农村节能炕是针对我国北方地区的农户研发设计的，尤其是东北等寒冷的地区，普遍使用家用火炕取暖。但是传统火炕有着热效率低、效能不稳定等缺陷。新型节能炕对燃料的运用更为高效，而且很多还跟省柴灶连接起来，让热效率和功效更为突出，节能减排效果更佳。

根据同地面的接触方式进行分类，节能炕可以分成落地式和架空式。落地式被运用得比较多，而架空式虽不与地面接触，却能节省更多建设材料，并降低因接触地面而流失的热量，而且可以提升散热表面，让热量更多地传播开来。

有哪些耕作节能技术？

耕作制度是一种技术体系，它包含了对农业生产的土地使用和土地养护的平衡，对农作物健康稳定增产以及协调农业生态平衡等方面，主要范畴包含种植制度和土地管理制度。

我国有着较为丰富的耕作制度，以因地制宜来保证当地的粮食生产。近年来，智慧的人民群众又在传统技术体系的基础上开发出较为先进的科学的耕作节能技术，在保证增产增收的同时，显著降低了能耗，提升了能效，减少了排放，增加了经济与社会效益，受到农民朋友的普遍欢迎。

免耕覆盖节能技术

免耕的本意是一种保护土地的耕作制度，主要是为了防止土壤被侵蚀。具体来讲就是不翻动表层土，并整年都在土地的表层铺上能够保护土壤的作物残茬的耕作方式。在 1984 年，拓展分为免耕、少耕与常规耕作。

免耕覆盖节能技术是通过对耕作作业的减少，使土壤的覆盖程度得到增加，让土壤少被翻动，较少裸露，从而呈现一种松紧适度、湿度适中、适度粗糙的良好状态。这对于土壤的生态状况有独特的保护作用，从而整体达到保养、节能和增产的效果。

现代间套复种节能技术

现代间套复种节能技术，也叫作“现代轮作节能技术”，是通过将不同的作物混合种植，或者前后衔接，来合理搭配它们之间的互补性。

这样就能够获得比单独种植某一种作物更为显著的经济与社会效益，提升能效并降低排放。

打个比方，海拉尔地方就一直采用把春小麦、油菜和大麦进行轮换种植的方法来实现增产增收。从结果上看，每公顷平均节约化肥 300 ~ 450 千克，节约农药 300 ~ 375 元，增产幅度达 10% ~ 12%，其效果是非常显著的。

设施农作节能技术

设施农作节能技术是利用一定的农作物培养设施来起到增产节能的效果。比如，应用简单的内保温帷幕，在初冬的时候可以让供暖的时间推迟半个月，节省了大量能耗。而秸秆生物反应堆技术则可以给棚菜提供高浓度二氧化碳以及热量，让内部温度提升 4℃ ~ 6℃，并使其产量提升 50%。

上述耕作制度节能技术普遍都能够帮助农民大大节省能源消耗，并实现增产增收、保护环境的目的。

农业主要投入品节约技术有哪些？

农业主要投入品节约技术是指在使用一些农业必需的投入品，比如水、肥料和农药，通过一些手段降低所需的投入量，并提升投入品利用率，来实现较为理想的收成的一种技术，主要包括节水、节肥和节药这几个范畴。

在这里，降低投入的前提是在保证收成的基础上进行的，降低投入的主要目的是节约成本，减少污染物的排放，达到节能减排的效果。包括减少化肥、农药和水的使用，来降低这些资源的使用数量，并提升其利用率，在达到相同产出的情况下，尽量节约成本和消耗。

农业投入品的节水技术

水是生命之源，也是生活和生产各个方面都不可或缺的一种资源。但是由于人类过度汲取，水资源短缺问题正成为每个国家都在面临的严峻考验。中国也是水资源极度缺乏的国家，积极地节约用水是每个公民都应该注意和实践的行为。

而农业投入品节约技术中的节水技术，就是在保证产量的同时尽量减少用水量，是针对目前水资源紧张的局面而开发应用的。运用此技术，既能够实现成本效益，还可以避免大量水资源的流失。它包括工程节水、农艺节水和管理节水等方面。

农业投入品的节肥技术

农业投入品节约技术中的节肥技术，就是在保证农作物产量的前提下，根据肥料的配方、施肥量和肥料损失，以及有机肥替代等各个环节来进行考量与设计，尽量减少肥料的投入，以达到节省成本和降低污染的目的。

节肥技术包含测土配方技术、缓控释肥技术、有机肥替代技术三个主要方面。这些技术相互补充，可以有力地保证肥料的充分施与和经济社会效益的可靠获取。

农业投入品的节药技术

农业投入品节约技术中的节药技术，是指在不影响作物病虫害防治的前提下，通过提升农药效率和效果，降低药物使用量，达到保护环境和减少成本的效果。

农药毕竟是一种化学产品，总会对环境和生物体造成或多或少的影响。因此尽量减少其使用量，极大地减少了环境污染和人体危害。节药技术就是在降低能源成本的同时，也减少农药的有害残留，同时取得不菲的经济和社会效益。

节水灌溉的窍门有哪些?

在社会经济快速发展的今天，人口加剧，需水量不断上涨，水资源短缺的危机也遍布全球。以中国为例，虽然水资源总量不菲，可是人均水资源拥有量却排在世界的一百多位，是全球平均水平的1/4。

面对这个现实问题，人们对于农业用水也提出了节约的要求，尤其是灌溉用水，用量大而且使用广泛。而目前中国农业的灌溉方式还比较粗放，在节水方面有着较大潜力和提升空间。

畦灌、小白龙灌溉与膜上灌溉

畦灌是把田地用小土埂划分为一块块的矩形地块，让灌溉水在重力作用下以较薄水层的流入方式进入田间，就像毛细血管一样的方式湿润土壤。

小白龙灌溉就是利用小软管作为灌溉管道，成本较低且可以避免对作物造成损害。

膜上灌溉法是运用地膜在田地里灌水，水在地膜流动的时候，从膜缝里慢慢渗入作物的根茎，进行局部的浸润式灌溉。它的特点是简易方便，效率高，不用专门的工具。

喷灌、滴灌和渗灌法

喷灌是使用水泵加压，让水从管道进入田间中部，并通过喷头从空中四散浇灌。以细微水滴的形式较为均匀地在田间洒落，这种方式可以提升土壤利用率，且省水省力。

滴灌是通过主管道和毛管上面的滴头，在低压力下经常性地向土壤滴水的一种灌溉方式，它具有促进增产增收的特点。

渗灌则是一种埋于地下的灌溉方式，水在低压推动下，依据作物本身特性和需水量进行渗水性供水，让水的利用率得到极大提升。

微喷灌和水稻薄露喷灌

微喷灌是运用管道系统，通过微喷头把低压水用微流喷在枝叶上的一种灌溉方式。这种灌溉方式对作物的润湿面要大于滴灌，更有利于去除水饱和区，让水分可以被土壤随时吸取，有利于根部通气环境的改善。

薄露灌溉的“薄”是指灌溉的水层，除了一些特殊情况和作物需求下，一般每次灌水的深度为 2 厘米左右，一旦水分饱和即停止。而这个“露”字就是指让水分落到土壤下面，让田地露出来，简单来说即“薄层灌水，常露田地”。

利用污水灌溉需要知道什么?

污水就是指人们在生活和生产过程中使用过的水，也称为“废水”。虽然污水使用效果没有新鲜水那么理想，但是可以部分缓解目前水资源紧张的问题，为水资源的保护起到十分显著的作用。

在利用污水进行灌溉之前，要对水分和水质进行严格检测，在确定符合安全标准后才可以使用。一方面可以保证作物的健康茁壮成长，另一方面也可以让环境得到最大限度的保护,达到经济社会效益的统一。

水域功能的具体分类

我国按照地表水的功能与保护等级要求，把有着适用功能的地表水水域分成了 Ⅰ ～ Ⅴ类。Ⅰ类水可用于源头水，比如国家的自然保护区用水。Ⅱ类水用于集中生活用水的水源，包括一级保护区、珍稀鱼类保护区和游泳区域等。Ⅲ类水用于集中生活用水水源区、二级保护区、一般鱼类保护区和游泳区域。Ⅳ类水主要适用于工业性用水，包括人体不直接接触的娱乐用水区域。Ⅴ类水适用于农业用水区域，以及一般景观的水域。

利用污水灌溉要谨慎

根据一些资料显示，我国县级以上城市每年排放的污水量已超过400亿立方米，假如把县城和乡村的污水量算到一起，将达到600亿立方米，等于黄河一年的径流量。倘若可以合理地运用这些生活与工业污水进行灌溉，则可以节省大量的水资源。

但是污水的利用要谨慎，尤其是运用在灌溉农田上，否则可能产生非常不利的后果。例如，一些土地在经过不合适的污水灌溉后，生态遭到严重破坏，给人体健康带来极大伤害，教训是十分深刻的。

利用污水灌溉前的处理

在使用污水灌溉之前，必须先经过特定标准的净化过程，将污水所含的有害元素，像铅和镉等重金属消除掉，包括一些难以被降解的有毒化学品等。必须让水质达到用于农业灌溉或是景观用水的标准时，才能放心地使用。

必须注意的是，一定不能使用超过Ⅴ类的水进行农业灌溉，尤其是不能应用在底层裂隙处，或是熔岩地带，以及淹涝区，包括靠近水源地防护带的地区。同时，要让居民区与聚居点和污水保持一定的距离。

什么是农村生活污水处理技术?

水和人类有着一种密不可分的关系，人的生命、生活和生产都离不开水,我们周围的可用水的数量和质量也密切影响着我们的生活品质。而当下水资源短缺和水源污染严重的问题，对我们的生命造成了威胁，是亟待应对和解决的。

其中，农村生活污水处理是应对水污染战略中的重要一环，因为农村基础设施相对落后，污水治理水平不高，严重影响着农村居民的生活质量。农村的水环境治理也成了我国环保治理工作的关键组成部分。

污水处理水平的划分

污水处理水平通常可分成初级处理、二级处理和三级处理。初级处理即运用格栅或者沉淀池来将一部分有机质和悬浮物质过滤掉，经过这项处理，大约 50% 的悬浮固体或者病菌可以被去除。

二级处理则运用了生化技术，其目的是通过淤泥里细菌的氧化作用将有机物破坏掉，来更彻底地减少污水里的 BOD（即生物化学需氧量）。三级处理则属于更高级别的污水治理，其主要目的是将污水中的糖分、碳水化合物和盐分等除去。

污水处理的一些方法

污水处理有很多方法，包括以下几种。物理处理法：即运用物理作用将污水中无法溶解的悬浮固体过滤回收的处理方法，包括重力分离法、离心分离法等；化学处理法：即运用化学反应的方法将污水中的污染物分解或转化为无害物的处理方法；生物处理法：即运用微生物的代谢作用将污水中呈现为胶体或悬浮态的有机物转化成无害物质的处理方法，包括需氧生物处理和厌氧生物处理两种；生物接触氧化法：即运用生物接触的方式进行氧化处理，污水里的有机污染物在微生物的代谢作用下可以被充分净化。

农村生活污水处理系统

根据污水处理的具体环境条件，污水处理系统可被分成集中处理和分散处理两种。集中处理系统是指具有规模的污水处理厂，综合运用物理、化学及生物处理方法来降低污水里的污染物。

分散处理系统就更为浓缩和微型化，即运用各种组合工艺来把污水处理过程压缩在较小的空间里进行，随着技术的革新，分散处理系统的种类和型号也越来越丰富，也更为灵活地适应各种污水处理场合。

农机与渔船节能技术是什么？

农机是用于农业生产的各类机械设备的统称，比如拖拉机、播种机和收割机等，它们能够为农业生产投入十分巨大的助力，尤其是适于在面积广阔的田地耕作。渔船顾名思义，就是在河道或近海用于渔业的船只。

农机和渔船的节能技术，就是运用先进的科学与工艺对传统机械设备进行改进和革新，并使用更为合理的管理手段让这些农机与渔船设备更为节能地运转，不仅节省运行成本，还能有效减少碳排放，为环保做出积极贡献。

农机节能技术

农机节能技术主要包括对农业机械和设备进行节能改进或调整，运用更为节省油料的材料与相关设备。对于设备的改进，需要统筹相关科研与研发资源，对农机进行节能式设计，并将成果在全国推广。

另外，先进而科学的管理模式也是农机节能的重要方面，包括农机在运输与穿梭过程中，或是于田间进行农业作业过程中，都要进行合理的安排，并进行配套支持，比如较为理想节能的耕作制度。

渔船节能技术

渔船节能技术更是多种多样，这也是由水路本身的复杂性决定的。因此所涉及的各种领域其节能方式不一而足，要应用不同的方法与手段。基本上可以总结为三点，分别是阻力节能、推进节能和船用设备节能。

相比农机，渔船应用面较窄，在节能上更需要科技与工艺的支持，首先从设计方面找突破口，对船只的灵便性、稳定性进行综合考量，并对油料及其使用进行改进。当然，渔业制度管理的节能潜力也十分巨大，需要引进科学的管理方法。

大力发展农机渔船技术

鉴于中国特殊的地理环境，还有传统的小农主义思想的影响，耕作方式一直都是以人力、畜力为主要模式的小规模种植。农机和渔船的应用还远没有西方国家那么广泛，因此在其节能技术的发展上也受到了一定限制。

不过，提高能效比、解放更多生产力、发展集约化大规模的农业耕作是大势所趋，因此对于农机和渔船的节能技术改进，也是势在必行的策略方向，在它的帮助下，更为有效、产量更高的农渔业产出也将变得不难实现。

营造薪炭林需要了解什么？

薪炭林的定义，用简单的话说就是种植用来作为柴火使用的树林，或者是用于烧炭卖钱的燃烧材料树林。虽然薪炭林的概念听上去有些传统和老旧，还停留在生火能源的初级阶段，但在我国仍有着特殊的意义。

根据调查，在全世界利用柴火作为燃烧手段生活的人口中，我国的居民数量占到了总量的约 50%，无论是基数还是比例都十分可观。而且，尽管烧火的方式落后，却也是某些地区在现阶段发展要经历的过程，是人民生活不可或缺的组成部分。

胡乱砍伐树木取柴的影响

十年树木是众所周知的自然规律，木材有自身的生产周期，需要一个缓慢的过程。通常，农村对薪柴的取用量要远远大于树木的自然生长量，很多地方对砍伐树木取柴的行为缺乏有效管理，导致树林资源大量被毁。

尤其是在北方和西部一些边远地区，因为大片林区被砍伐殆尽，树木荡然无存，而导致土地沙漠化十分严重，气候环境变得更为恶劣，让当地的生物多样性也遭到严重破坏。因此，营造可以为农户快速提供薪柴的薪炭林势在必行。

营造薪炭林的积极意义

现在乃至未来很长的日子里，土壤仍然是人们赖以生存的生命线，它为我们提供维持生命必需的食物。而树木正是保护水土，避免其流失的最坚定卫士。营造薪炭林可以让常规树林得到有效保护，防风固沙，有利于自然环境的改善。

而且，薪炭林不光能够提供薪柴，还可以为农村多种经营提供所需的材料，为提升农村生产力水平和农民生活质量助力，进而让农村的节能减排在实现经济与社会效益统一之路上走得更顺。

适合薪炭林的树型

有人统计过，我国农村广大地区，只要人均种下1～2亩的薪炭林，即能满足整年的薪柴需求。而适用于薪炭林种植的树型的选择面也很广，东北地区的柳树、杨树和桦树等树种就非常适合于营造薪炭林。

另外西北地区的沙棘、沙柳和沙枣等林木也比较适合，还有华北及中原地区常见的杨树和刺槐等，包括南方的松树、桉树、合欢树和相思树等，都十分适用于薪炭林的种植。

垃圾堆肥的意义和方法是什么?

一位在美国生活过的中国人，在回到祖国后经常和亲朋好友谈起国外的风俗逸事。除了因为文化差异而引起的跨文化冲突之外，还有很多事情都是不谋而合的，也让他颇感意外。

一次，他在自己院子里沤了一坑垃圾肥，本来有点担心邻居怕脏而闹出事端，没想到邻居发现了以后不仅没有嫌弃，反而主动向他索取一些肥料来给自家花草上肥，嘴里还连声称赞道谢。可见，好的东西是没有国界的，是可以得到普遍认可的。

垃圾堆肥的定义和类别

垃圾堆肥是指运用特定的控制方法，把生活垃圾通过腐熟和分解，转化为一种腐殖质土的方法。它能够对垃圾进行再利用，让其中的酵母菌、真菌等微生物发挥其效能，可以作为肥料使用，来改善土壤的肥力。

垃圾堆肥一般可分成厌氧性发酵和好氧性发酵两种类别，如果按照堆肥方式分，则可以分为露天堆肥与机械堆肥两种类型。具体选择哪种方式，可以根据当时的情况和环境而定。

垃圾堆肥的好处和功效

垃圾堆肥被称为“腐殖质土”，其中含有比较高的腐殖质，其质地比较疏松，可用于田地，来增强农田的肥力，而且有提升植物免疫防病能力的功效。而且，这种疏松的质地本身也可以有效改善土地硬化和板结的不良状况。

垃圾堆肥改良土壤状况的功效，也能够提升土壤通风、保水和培肥的能力，促进作物根系的成长发育。垃圾堆肥对增产增收的助力是很大的，尤其对于马铃薯、水稻和萝卜的产量提升有很大帮助，还可以提升作物品质，增加其内在营养价值。

垃圾堆肥的操作方法

垃圾堆肥的操作方法分为如下几步：首先进行预处理，将垃圾中的大块杂物和无机物剔除，并把余下的物质粉碎过筛分成均匀的状态；

然后让其自行分解和发酵，把自身的有机质转化成无害的肥料；接着就是腐熟过程，让肥料成分稳定，腐熟完全之后就可以使用了；最后做好储存的工作，将堆肥较好的肥料小心储存，另外对废弃料也要细心谨慎地填埋处理，力图不污染环境。

就地取材节能环保有哪些方式?

就地取材是一种看似平常，但却十分科学的生产和生活理念。尤其在农村这种有着大量闲置材料的环境下，就地取材不仅可以节省很多建设成本，避免闲置材料的浪费，还能够为减排做出贡献，起到保护当地环境的功效。

比如，建造温室用的大棚或盖民房都可以利用环保节能的草砖和节能砖，而取暖则可以用被动式太阳能房，做饭可以用节能灶和燃柴草锅炉。假如把这些方法结合运用，将能达成极为显著的节能减排效果。

草砖和节能砖的优势

草砖的主要材料是稻草或者麦草，并使用金属网将它们捆扎和挤压合成，长度为 90 ~ 100 厘米，宽 36 ~ 40 厘米，高 45 ~ 50 厘米。它的材料获取简单，造价低廉，隔热隔音，轻便且无污染。草砖房每平方米的造价要比常规砖房便宜 50 ~ 60 元。

节能砖是利用废物做成的一种材料，也叫“空心砖”，有着不错的隔热和保温性能。一条节能砖生产线可以每年消耗废料 30 万吨，减少煤耗达 10 万吨，节省制砖用地 15 亩，可谓节能减排的好模范。

被动式太阳房的优势

一般来说，运用太阳能取暖的建筑叫作太阳房，有主动式太阳房和被动式太阳房两种。被动式就是指直接接受太阳的能量，不通过任何转换器、蓄热器、交换器或其他机械和电器设备的中介，直接由自然的辐射、对流方式来完成。

这种建筑可以自动集热和保温，冬季在无任何辅助生热的情况，能够让室内温度提升 8℃以上，让室内外温差保持在 15℃左右。这种被动式太阳房每栋每年可以节省煤耗 0.8 吨，减少二氧化碳排放 2.1 吨。

节能灶的优势

燃柴草锅炉就是节能灶的一种，它运用秸秆这种生物质材料作为原料，在无氧状态下于密闭炉中进行暗燃，形成化学反应分解可燃气体，并通过管道净化后送至炉灶使用。其热效率可高达 30% ~ 40%，而传统炉灶只有 10%。

目前，我国农村的常规柴用炉灶的能量需求为标准煤 2 亿吨，假如全部推广使用节能灶，则可以节省标准煤 5000 万吨，降低温室气体排放 1.3 亿吨，等于保护了 1000 万公顷的森林资源，其节能减排的效果是十分可观的。

第五章
了解垃圾分类

近期，垃圾分类收集与回收成为大家关注的热点话题，大家都把目光投向了上海市的垃圾分类这一活动上。当然它绝不是一种形式，它是在当前垃圾加速增长的严峻现实环境下势在必行的举措。不过，想要做好垃圾分类，就必须了解垃圾分类的详细标准和具体投放方法，这就需要细致地学习、掌握。

到底什么是可回收物?

随着全球社会经济水平的不断提升，人们生活质量也随之提高，因此带来了很多伴生问题，其中较为严重的就是大量生活垃圾的产生，而每天产生的巨量垃圾给生态环境造成了极为严重的影响。

为了应对这个问题，人们积极地对垃圾进行分类处理，将可回收物单独列为一项，进行回收再利用。不仅可以有效解决垃圾污染的问题，还能节省大量能源，进一步减少排放，是节能减排战略里十分行之有效的举措。

可回收物的定义

根据《城市生活垃圾分类及其评价标准》的指导，和一些先进国家制定的垃圾分类方法，可回收物的定义为适合用于回收再利用的废弃物，是一种可被再生循环的垃圾，其本身或其材质有回炉再造的价值。可回收物主要包含废纸、塑料、玻璃、金属和纺织物五个大类。

可回收物的范围

废纸类垃圾主要包含图书、杂志、报纸、办公用纸和各类包装用纸，而卫生用纸因为其水溶性强而属于不可回收类。塑料类垃圾包括各类塑料袋、塑料包装物品、一次性塑料餐盒以及牙刷、矿泉水瓶等。

玻璃类垃圾包括各类玻璃器皿，包括无色、绿色和棕色玻璃几种。金属垃圾主要包括易拉罐、金属罐头盒、铝箔和装饰品等。纺织物垃圾主要包括废弃衣物、毛巾、书包等。另外还包括电子垃圾以及各类特种可回收垃圾。

可回收物中的电子垃圾

电子垃圾近几年处于爆发式的增长阶段，电子工业的革命让其淘汰速度大为提升，由于其庞大的数量和本身存在的毒性，成了可回收物里主要被关照的对象。

电子垃圾也被称为隐性杀手，因为其含有大量有毒和有害物质，随时可能对周围环境产生不良危害和影响。比如，电脑显示器里的射线管含有大量铅元素，具有极大毒性，甚至影响小孩的脑部发育。对此，全社会都应积极行动起来，制定严格的电子垃圾分类回收制度，并加大对电子垃圾的回收和再利用的工作力度，以此实现垃圾回收节能减排的目标。

如何去投放可回收物?

在学习了如何鉴别和收集可回收物之后，接下来就是要对它们进行投放。在垃圾投放中，如果说收集垃圾物只是准备的过程，那么投放到回收容器中就是实际的行为。垃圾的分类再清楚，分得再仔细，如果不进行合理有效的投放来实现垃圾分类，依然无法让垃圾回收起到好的作用和效果。

因此，在处理垃圾投放问题时，就不宜虎头蛇尾（分类的时候十分认真，投放却马马虎虎），而是始终严格执行操作程序。

要提高觉悟摆正态度

垃圾分类投放对于中国人来讲是一项新鲜事物，多数人还保持着过去一股脑儿倒垃圾的习惯。尽管现在有了明确的规范指导和管束，大部分人也只是强制性地实行，并没有从思想意识上认同这种要求，甚至还会有抵触情绪。

基于此，我们应该从觉悟的高度去认识这个事情，明确垃圾分类投放对人们生活和环境所起到的历史性意义，从而心甘情愿把它做好。这样才不会出现形式上服从，事实上却做得草率马虎。

投放可回收物的注意事项

在投放可回收物垃圾的时候，首先要保证垃圾的清洁和干燥，表面没有污染物存在，这样可以保证垃圾处理时的效率和效果。在投放的过程中，尽量不要远远地扔过去，而是要走近回收箱，轻投轻放，保证回收箱的内部整齐与秩序，方便他人的使用。

投放废纸垃圾的时候要注意把纸张整平投放，对于立体包装物，则要将内部清空之后并将其压扁再行投放，而对于那些棱角较为锐利的垃圾，则要包裹后再行投放，以免割坏其他垃圾，或伤到其他垃圾投放者和处理人员。

特殊情况下的注意事项

这里所谓特殊指的是非常规投放时的情况，比如当我们身处于某个不太熟悉的公共场合时，当手头临时出现可回收垃圾时，一时找不到投放箱，不要急于将垃圾扔出，而应先找合适的包装物将其包好，待找到正确投放箱后再进行投放。

另外，在一些特殊天气里，比如雨雪大风天气，这时候不宜投放垃圾，因为开关回收箱盖子的时候有可能让其内部受到污染。因此需要我们耐心等待，先保管好我们的垃圾，并在合适的时机用合适的方法进行投放。

如何进行可回收物网上预约操作？

可回收物本身有它的再利用价值，循环利用不仅节能而且环保，对此，政府不仅鼓励全民积极回收利用可回收物，而且还实施了更为方便人民群众处理可回收物的举措，那就是开通在线对可回收物进行网上预约的服务。

从这一举措上也可以看出国家对于整治垃圾丢弃乱象，重塑规范严谨的垃圾回收秩序的决心，为了保证垃圾都能得到有效回收，并且给广大人民群众带去便利，可回收物网上预约也在万众瞩目中闪亮登场。

进行网上预约回收的原因

国家投入资金出台这项措施，一是为了方便大家对可回收物进行投放，当下人们的工作、学习节奏越来越快，对于垃圾的收集、分类和处理都有些心有余而力不足，上门回收则直接解决了这一问题。

二是这种举措也是从思想上给予民众更多暗示和鼓励，要求大家把对垃圾的处理和回收当成一件严肃的事情来对待，在内心意识上对其重视起来，变得更有积极性和动力去主动进行可回收物处理。

进行网上预约的流程

网上预约的流程其实非常简单，只要下载本市的可回收物上门预约软件，就可以在界面填入相关信息而轻松实现垃圾回收了。而且，软件上还可以方便地查询垃圾的分类，得到正确的分类指导。

对于废旧书报、纸制品、塑料制品、毛纺织品、玻璃物品、金属制品以及电子垃圾等都可以进行申报和预约，在准确填入地址门牌号以后，接下来就是等待师傅开车上门回收了，确实是省时省力。

网上预约回收的注意事项

在进行网上预约回收可回收物的时候，首先要明确其分类，才可以在填报时保证准确无误，不出现错误。另外自己的地址一定要填写准确，以免司机师傅找不到地方，耽误双方的时间，还浪费油料。

除此之外，一定要确保手机开通，一旦师傅找不到地方，可以即时电话联系。如果自己突然有急事要出门，必须留下人来等待回收师傅，这不仅是一种尊重，也是起码的社会公德。善始善终，这也是中华民族的传统美德。

怎样对有害垃圾投放与处理？

有害垃圾是指废旧灯管、废药品、废油漆和废电池等有可能对人体健康和自然环境造成直接和间接危害的废弃物品。从定义来看，有害垃圾一般是那些带有毒性、腐蚀性、挥发性或放射性的物品，需要回收并进行特殊处理。

对于有害垃圾的投放、回收与处理工作，相对更为严格和谨慎，在保证人员和环境不受影响的情况下，尽可能全面彻底地回收和处理，并谨慎小心地进行再利用和再加工的工作，避免出现伤害事故。

有害垃圾的分类方法

有害垃圾可以分为以下几种，分别为废电池垃圾、废荧光灯管、废药品垃圾、废油漆和溶剂垃圾等。废电池垃圾包括充电电池、镉镍电池、蓄电池、铅酸电池和纽扣电池等；废荧光灯管包括荧光灯管和卤素灯等；废药品垃圾包括过期的药品、药品胶囊、药品的内包装和药片等；废油漆和溶剂垃圾包括废油漆桶、指甲油、染发剂壳以及洗甲水等。

除上述几种之外，还包括：废矿物油及其包装物；废弃汞温度计、汞血压计；废杀虫剂及其包装，老鼠药和杀虫喷雾罐；废胶片和废相纸、感光胶片、相片底片；等等。

有害垃圾的投放方法

因为有害垃圾本身的特殊性，在投放此类物品时要小心轻放。为了避免有害垃圾里所含的有害物在进入处理站之前流入外部环境，像废灯管这样的容易破碎的垃圾应该连同其包装或者包裹后再行投放。

废弃的药品也要尽量和其原配包装一起投放；对于杀虫剂这样的带有压力的罐装容器，要将内含物质排空之后再行投放；如果在公共场所产生了临时的有害垃圾而附近暂时没有相应收集容器的时候，应携带至相关投放点进行投放。

有害垃圾的处理方法

常见的有害垃圾处理方法包括以下几种。首先是填埋，即预先挖设一些大坑，将有害垃圾集中倒入后进行有序填埋；焚烧处理法，部分有害垃圾是可以进行焚烧处理的，有些甚至只有焚烧才能处理干净，但其弊端是破坏环境。

特殊处理，部分特殊的有害垃圾要经过特殊程序处理才行，这些程序可能十分复杂，但也是必需的，只有如此才能不使其中的有毒成分伤害人类和环境；堆肥处理，还有一些有害垃圾可以进行堆肥处理，在一定的时间里让它们充分降解和发酵成为新物质，以便重新进行利用。

对于湿垃圾要了解什么？

湿垃圾又叫“厨余垃圾”，或称为“有机垃圾”，它是一种易腐垃圾。它是人们在平时生活中，对食物进行加工的过程中，在饮食服务的过程中，在供应餐食的过程中所产生的垃圾。其包括食材废料、残羹剩饭、过期的食物、瓜果皮壳、花卉植物和中药的药渣等易腐烂的生物质垃圾。另外还包括植物的残留、树叶、杂草、动物尸体和粪便等有机物。有机垃圾的易腐性也让收集过程变得比较特殊，要施加一些额外的处理措施。

湿垃圾的主要种类

湿垃圾的主要类别有如下几种。食材废料垃圾里包含：谷物以及相关加工食品，比如米饭、面包等；肉蛋类食物，比如鸡鸭、牛羊肉和蛋、内脏等；水产类食品，比如鱼、虾和虾壳等；残羹剩饭类垃圾包括火锅剩汤、鱼骨和茶叶残渣、咖啡残渣等。

过期食品垃圾包括糖果、肉干、糕点、粉末类食品和宠物饲料等。瓜果皮壳类垃圾，比如果肉、果皮和果实等。花卉植物垃圾，包括花瓣、枝叶和绿植等。另外还包括中药药渣、动植物残留和动物粪便等。

湿垃圾的回收做法

对于湿垃圾的回收做法，目前全国还没有统一，各个地方施行着不同的规则和方式。虽然一般都是用四个垃圾回收桶来区分，但是相应回收某个种类垃圾的回收桶所对应的颜色各有不同。

比如，上海回收湿垃圾的垃圾桶是棕色桶，而北京回收厨余垃圾的桶就是绿色桶。当我们在不同地方投放垃圾时，要耐心搞清楚当地的垃圾投放规则再行投放，避免对垃圾投放工作造成不好的影响。

湿垃圾的利用途径

湿垃圾的特点是含有丰富有机质，很难使用常规填埋与焚烧手段来进行处理，因此其综合利用途径包括：充分利用其氮磷钾含量丰富的特点，作为有机肥料使用；把有机垃圾高温高压加热至380℃，并热解为燃料油来使用。

也可以广泛利用各种提炼手段，从有机垃圾中提取酒精、活性炭、赤霉菌素、植酸和角蛋白等物质。还可以使用废纸或者废棉来制作化学糨糊，用于印染毛毯和印刷工业品等用途。

投放湿垃圾要知道什么？

垃圾投放不仅仅是个结果，更是个过程。各种垃圾因为其特性的不同，需要使用较为特别的手段进行投放，才能起到分类收集和处理的最佳效果。而湿垃圾因为富含有机质，其投放方法也会特殊一些。

湿垃圾中易腐品较多，包括剩菜剩饭、过期食材、树叶杂草和果皮残渣等。不难看出，湿垃圾的来源主要是厨房和花草树木，那么也不难想象，饭馆和园林是湿垃圾的两大来源。针对这些特点，湿垃圾的投放也相应有一些特别要注意的地方。

湿垃圾的投放准备

工欲善其事，必先利其器，做什么事情都要先做好准备工作，慢工出细活，湿垃圾的投放也不例外。因为湿垃圾的特殊性质，来自家庭的湿垃圾大多是剩菜剩饭，投放之前最好先确保有价值的食材都没有浪费，如果吃不完，不妨挑出来以后吃，不要轻易浪费。

另外要尽量等湿垃圾干透了再行投放，防止在过程中污染环境。在投放之前要认准垃圾桶的颜色，各地的垃圾桶颜色不尽相同。

如何投放湿垃圾

对于纯粹流质的食品垃圾，比如豆浆、牛奶等，要直接倒进下水口里。湿垃圾在充分晾干后才具备投放标准，如果本身是有包装物的，应将包装物取下后再行投放，包装物应另外投放到可回收物或者干垃圾的投放箱里。

湿垃圾是易腐蚀物，在天气较为炎热的时候，不妨选择较为凉爽的夜晚进行投放，以免其发出过于刺鼻的味道，这也是一种社会公德的提倡。湿垃圾投放好之后尤其注意盖好盖子，以免滋生大量的蚊虫。

饭馆对湿垃圾的投放

除了园林以外，饭馆可以说是湿垃圾的生产大户，每天中午和晚上，在食客们离开后，都有大量剩菜剩饭，也就是湿垃圾的来源。这些剩菜饭看了让人觉得可惜，但必须妥善处理，最主要的就是收集整理的问题。

首先要把剩饭菜中有价值的部分剔除出来，可以用于饲养牲畜或者作为肥料等。对于剩下的残渣，要充分过滤汤汁后统一进行晾干，并将汤汁从下水口倒出。待残渣晾干后就可以统一投放了，如果数量很大，可以网上预约联系上门回收。

到底什么是干垃圾？

干垃圾是指除了可回收物、湿垃圾和有害垃圾以外的生活废弃物品。这里千万不能望文生义，认为干垃圾是干货，是比较有料的东西，恰恰相反，干垃圾事实上没有什么价值，但也没什么害处，有点像可有可无的鸡肋。

用英文名来理解可能更为直观，即残留的垃圾，也就是说垃圾中挑剩下的垃圾，实在没什么可利用的空间了，会直接采用填埋或焚烧的方式来进行处理。因此，这种垃圾肯定是控制得越少越好。

干垃圾的特点

干垃圾最大的特点就是它很难用概念进行定义，一般都是用排除法来确定，只要不是其他三种垃圾，就理所当然是干垃圾了。因此，它的最大特点就是没有特点，只能靠和其他垃圾做参照来确认自己的身份。

干垃圾是所有垃圾经过筛选和分拣后的残留物，本身已经没有什么利用价值了。因此会直接进行报废处理，但是目前还没有能够很好地彻底消解干垃圾的手段，因此只能尽量从源头控制其产生了。

干垃圾的主要种类

干垃圾包括餐巾纸、卫生间用纸、尿不湿、狗尿垫以及污损纸张等纸质垃圾，还有猫砂、建筑材料、灰土和炉渣等灰质垃圾，以及污损塑料、编织袋、防碎气泡膜和带胶制品等塑料制品等。

干垃圾还包括大骨头、硬贝壳、硬果壳和硬果实等硬质食物残留，还有花盆、毛巾、一次性餐具、竹制品、陶瓷制品、镜子、毛发和橡皮泥等各类物品。可以说是五花八门，让人眼花缭乱。

尽量减少干垃圾的产生

因为干垃圾再无利用价值，只能采用填埋、焚烧、卫生分解甚至放蚯蚓生物解决，因此尽管它本身无害，其废弃处理也是需要成本的。因此我们在日常生活中要尽量减少干垃圾的形成。

比如说，可以用毛巾来代替餐巾纸使用；少养一些猫狗，以此减少猫砂和狗尿垫的产生；少抽烟或者不抽烟就可以减少或省去烟蒂垃圾；在饮食上也可以少吃一些大骨头或是贝壳类食物；另外尽量减少小玩意儿等器具的购买，减少干垃圾的产生。

为什么要实施垃圾分类?

垃圾分类是指依据相关规定和标准来对垃圾进行分类收集、分类投放和分类运输的操作流程，这个过程能够让垃圾或进入再利用的渠道，或进入废弃处理的渠道，目的地清晰明确。其目的就是提升对垃圾余留价值的利用，节省能源，减少排放。

在城市垃圾每日巨量产出的当下，对垃圾进行合理的分类，并进行针对性处理，提升处理效能，这已经是大势所趋、势在必行之事。其分类一般来说较为复杂，这也是社会生活多元化和复杂化本身所决定的。

垃圾分类的原则

首先要明确垃圾分类的根本目的是要利用它们，因此分类的首要原则就是分而用之。然后就是因地制宜，根据政府对垃圾分类工作的指导文件，全国各个地区因发展水平不同、地理环境不同、风俗文化不同等，垃圾分类也各异，这就要根据当地特点制定相应的垃圾分类方法。

对于超过垃圾排放标准的单位和居民，要进行相应处罚，而低于垃圾排放量标准的要给予补贴，以鼓励和警示居民从源头上降低排放量。垃圾的分类看起来麻烦，其实只要把握这些原则，有章可循，就能按部就班地实施。

实施垃圾分类的主要原因

垃圾分类首先是由当前环境恶化、资源匮乏的严峻形势所决定的。面对快速增长的垃圾量和日益恶化的生活环境，以垃圾分类手段对资源进行最大化的有效利用，提升节能减排的效率，改善我们的周边环境，这是所有人都面临的客观问题。

垃圾分类可以提升处理速度，减少垃圾占地面积，并同时降低垃圾堆放带来的污染。垃圾分类处理还是变废为宝的关键一步，如果分类合理且到位，将为回收利用提供极大便利。可见，垃圾分类管理是有百利而无一害的好政策。

垃圾分类的其他好处

可以有效地抵制拾荒者带来的问题，拾荒者虽然帮助政府处理了一部分垃圾，但他们只是各取所需，让垃圾造成二次污染。有些城市的一些卫生死角会产生垃圾道，给周围住户带来极大困扰，而垃圾分类处理能大大缓解这一现象。

在严格垃圾分类政策之前，很多大城市也会摆放各色垃圾桶，但是绝大部分人根本不知道如何使用，成了一种形式化摆设，不仅浪费材料资源，还无法起到真正效果。而垃圾分类政策的实施，有效解决了这一问题。

垃圾收集运输单位要符合什么要求？

垃圾分类管理不是某一个人、某一个组织单枪匹马可以做成的，它需要全社会的共同努力和参与。政府通过集中采购，将各色垃圾桶放置到各个居民点，然后每个公民将自己所产生的垃圾收集好进行投放，接着就要看垃圾收集运输单位的了。

它们就像是一个承上启下的枢纽，承接着终端和垃圾处理站之间的垃圾运输工作。所以它们的工作任务是艰巨而繁重的，但这不是可以放松要求的理由，垃圾分类处理工作神圣而关键，我们要严格要求其进程环节上的每一个参与者。

对收集、运输企业的要求

对于收集、运输的企业来说，首先需要具有经营资质，其人员和设备都要符合相关垃圾处理工作的规定要求。其次要经过当地环境卫生部门的备案和审批后才能进行作业活动，并依据当地相关法律规定进行垃圾收集运输活动。

在进行垃圾收集和运输作业活动中，要动态接受相关部门的管理与监督，并要符合 GB 12801 的规定。企业内部要有健全的环境卫生管理制度，要建立系统的关于对各类人员进行监督和考核的制度，以及关于设备、车辆的使用与保养制度。

对收集、运输中信息记录的要求

垃圾收集、运输企业要在作业过程中，根据规定要求做好记录、备份与报送工作。在收集、整理和报送相关信息数据时要准确、及时和完整，不允许有弄虚作假的行为，一旦发现严厉惩治。

垃圾收集、运输企业在作业过程中建立运行工作日志，主要内容包括：垃圾的收运数量、设备维护保养情况以及设备运行基本状况等。同时，企业还要按时向政府部门提交相关年度报告，包括作业量、设备、人员、工艺和成本数据等。

对收集、运输过程的要求

垃圾收集、运输企业在作业时，要保证生活垃圾的密闭收集与运输，不出现垃圾的扬、撒、拖挂和滴漏等现象，避免对环境造成污染。应依照指定的时间将垃圾输送到指定的垃圾处理站，不能半途随意倾倒。

要在居民区管理部门的协助和监督下进行作业，并配合其特定情况下的作业需求。企业的作业车辆应保证 85% 以上的完好率，确保垃圾运输工作的安全进行。车辆还要装有行车记录仪，并根据相关规定做好记录信息。

什么区域会先实现垃圾分类？

实施垃圾分类管理这项政策虽属当务之急，也是我们要尽早面对和解决的，而且是要最终覆盖所有城市地区的。但正如上文所述，全国各个地区因发展水平不同、地理环境不同、风俗文化不同，因此政策明文要求的实施时间也有先后之分。

在先后顺序上，必然要以先在大城市、人口密集区域实施，然后再慢慢向周边覆盖。原因是人口稠密地区对垃圾分类和清理的压力最大，需要也最高，是重点治理的对象。另外发达区域相应基础设施较好，对垃圾分类行为的配套支持也较充分。

上海的表率作用

在 2017 年国家出台相关垃圾分类实施方案以后，对全国 46 个城市也提出了最晚实施的时间期限。而上海一马当先，率先在 2019 年 1 月份通过了《上海市生活垃圾管理条例》，于是上海滩的垃圾战就紧锣密鼓地开始了。

上海将垃圾总体分为可回收物、有害垃圾、湿垃圾和干垃圾四种，并严格制定对违反垃圾投放条例者的处罚。从现在实施的情况来看，非常有效果，全民的积极性都被调整动起来。上到垂垂老者，下到几岁顽童，都不亦乐乎地加入进来。

首批强制垃圾分类城市

这几年，国家正在各大城市积极推进垃圾分类管理制度。2017 年 3 月，国家发改委发布《生活垃圾分类制度实施方案》，要求 46 个城市率先对生活垃圾进行强制分类管理。2019 年 6 月，国家又印发了《住房和城乡建设部等部门关于在全国地级及以上城市全面生活垃圾分类工作的通知》。

通知要求截至 2020 年年底，指定的第一批 46 个城市要基本建立垃圾分类管理系统。到 2025 年之前，全国地级及以上城市要基本建立垃圾分类管理系统。

其他地区的进程趋势

除了上海的一马当先，46 个大城市紧随其后以外，全国其他城市和地区也处于跃跃欲试的积极状态。因为网络的消息灵敏性已经将上海市垃圾分类的红火景象传遍全国每一个角落，那种向上的气氛和精神已经感染了每一个中国人。

就像星星之火，有着燎原之势，即使没有政策的强制要求，也能够感受到民众希望加入垃圾整治和分类的队伍中来，希望成为节能环保抗战大军中的一分子。可以说，未来是可期和乐观的。

用什么渠道了解垃圾分类知识？

想要更好地为垃圾收集、回收和再利用贡献力量，首先要学习垃圾分类知识。只有明确垃圾如何分类、分类的原则和目的，才能真正理解为什么要这样分类，今后做起来也就得心应手了。

为了加强对垃圾分类的执行效果，政府对垃圾投放也是加大了监控和惩罚力度，但其目的并不是惩罚，而是希望加强民众对垃圾投放与回收的责任感，更好地践行垃圾回收政策。那么对每个人来说，学习垃圾分类知识也就势在必行。

从网络上搜集分类知识

大家现在都已经习惯于从网络上获取各种类型的知识与新闻，网络学习确实有它得天独厚的地方。首先，它的知识更新速度是最快的，垃圾分类知识属于较为新颖的知识领域，在网络上获取其最新进展将会得到非常理想的结果。其次，在网上获取分类知识非常便捷，通常在我们不知道手里的垃圾该如何投放时，只要在网络搜索引擎上面轻轻一按，需要的结果就立马蹦出来了，真是非常轻松。最后，网络上很多关于垃圾分类的新闻，也是我们侧面了解垃圾分类知识的良好教材。

从书本或其他渠道获取知识

网络虽然便捷，但毕竟系统性不够，知识点比较零散，通常是这里有一块，那里有一部分，很难综合而完整地去学习。这时书本就体现出其具有的优势来了，垃圾分类书籍一般都是在非常严谨的态度下编纂而成，具有权威性、完整性和综合性。

另外，亲朋好友之间在聚会闲聊时，也不妨互相分享一些垃圾分类投放的心得和技巧，甚至是经验和教训，这样大家都可以互相吸取和弥补，避免再一次犯错。

通过实践来获取知识

最好的学习都不如躬身亲为，学得再好也不如亲自去实践一下更让人印象深刻。在我们积累了足够的知识以后，就可以尝试去投放垃圾了，以此来验证学习的成果，看看是否已经正确地掌握了相关内容。

如果在投放时还有疑虑，或是临时遇到一些问题，这时一定不要慌张和气馁。一般来说垃圾投放区域附近经常有社会工作者，不妨问一问值勤的工作人员，向他们取经，确认自己的投放是否正确，这样不仅加深了印象，还避免出错被罚。

第六章
低碳生活面面观

低碳生活是最近比较流行的概念，是指人们在日常生活中尽量降低对能源的消耗并减少碳排放的数量，特别是二氧化碳的排放量。这种生活态度和方式有助于降低环境恶化和全球气候变暖的速度。其实，所有人都有履行低碳生活的义务，这已经成为社会公德的一种，我们只要了解其内涵，自然就会有动力去践行。

到底什么是低碳生活？

低碳生活的主要目的就是要达到低碳化的生活标准，降低对环境的污染，加强对生态平衡的维护。主要包括回收、节气和节电三个环节。

当下低碳生活正在悄悄走入千家万户，有些公益网站也在发布一些很有趣的计算碳排放量的计算器，让人们在轻松一笑中深刻地感悟到低碳生活的本质。低碳生活是一种态度，是一种愿意为集体、为社会着想的大爱精神。

低碳生活的意义

节能减排已经变成了现今社会的主流口号，它并非一句口号，而是关系人类将来命运的战略性抉择。低碳生活提倡从身边的小事做起，切实践行节能减排。这对于节省能源、减少碳排放有着非常重大的意义。

低碳生活有助于降低环境继续恶化和全球气候变暖的速度，它的特征就是低消耗和低排量，让能源浪费减少到最低，从侧面支持建设可持续发展的和谐社会这一历史任务。

如何养成低碳生活习惯

厨房用剩的淘米水不要倒掉，可以用来洗手和脸，还可以用来浇花和擦桌子等。废旧的报纸也不要乱丢弃，可以放到衣橱底部，能够吸潮气和异味。泡过的茶叶晒干后可以做成茶叶枕头。

出门尽量使用公共交通，少开私家车，并自带环保袋子和杯子，减少对塑料袋和一次性杯子的使用。夏天尽量用电风扇替代空调来进行降温，在家种植一些花花草草，为减少空气中的二氧化碳而努力。

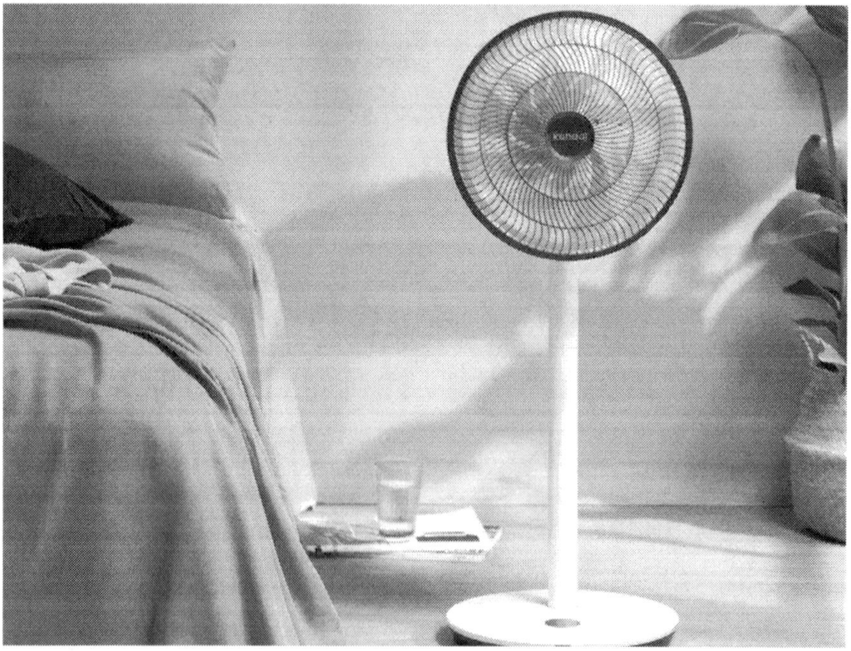

低碳生活拒绝的行为

减少使用浴缸的次数，用淋浴洗澡。拒绝一切皮草，因为那只是一种返祖的冲动而已，连时尚都算不上。拒绝使用红木和真皮这类奢侈用具。尽量不用台式电脑，而是使用笔记本，可以节省大量电能。

不购买一件多余的物品，如果想装饰生活，不妨用一些废旧物自己亲手做些艺术品来进行点缀。不仅物尽其用，还锻炼了动手能力，十分有意义。

温室气体都有哪些种类?

温室气体是指大气中蕴含的可以将地表的长波辐射吸收，并且再次发射辐射的气体，包括二氧化碳、水蒸气以及很多制冷剂等。它们的功能就像是为农作物建的温室起到的保温效果一样，为保持地球表面的恒定温度做出贡献。

随着社会经济的快速发展，人口的剧增，温室气体的排放量也日趋增多。这也就使得温室效应呈现越来越强的趋势，就像温室大棚被覆盖了更多的薄膜，温度也就随之逐渐升高。这会对人类生存环境带来诸多不利影响，甚至对人类生命产生威胁。

温室气体中的二氧化碳

空气中的二氧化碳成分为植物光合作用提供原料，用于生成碳水化合物，所以，增加二氧化碳含量，也就可以提升光合产物的数目，单从这方面讲对农作物生长是有利的。但是，因为它是导致温室效应的主要成分，在引起气候变化时又反过来对农业产生不利影响。

二氧化碳在空气中的浓度正在逐渐增加，原因有很多，包括由于工业和生活的直接燃烧排放导致的，而对林木资源的大量砍伐也是导致二氧化碳浓度上升过快的罪魁祸首。

温室气体中的甲烷

甲烷是一种较为洁净的气体能源，是天然气中的主要成分。它也是温室气体的主要组成部分，在吸收红外线方面，其能力比二氧化碳强26倍，所产生的温室效应则比二氧化碳高出22倍之多，因此其对于气候变化的影响不容小觑。

甲烷是在缺氧状况下通过生物体自身腐败或者产生甲烷的细菌生成的，每年生成的甲烷气体要远远多于被消耗的量，会净增加大约350Tg（百万吨），并在大气中存在8年左右。

温室气体中的其他气体

一氧化二氮可以在大气里存在约150年，虽然它显现出化学惰性状态，仍能利用太阳辐射的作用分解自身的90%，余下的10%跟活跃的原子氧作用被消耗。即便这样，大气中的一氧化二氮还是每年以0.5 ~ 3Tg的速度增加。

氯氟碳化合物，也以化学惰性状态存在于大气层中，也能够在同温层里被太阳辐射光解，或者跟活性氧原子反应而被消耗。

大气中二氧化碳的发展趋势是怎样的?

二氧化碳是一种无色无味的气体，它的密度比空气重，可以溶于水。一般来说，一升的二氧化碳可以溶于一升的纯水里，如果对其增大压力，则其溶解度也会相应增加，这是二氧化碳的基本性质。

我们只有了解了二氧化碳在地球大气中的变化史，才能更为鲜明而深刻地认识和了解温室效应的产生和变化，以及未来可能会导致的后果。危机感往往是从对比之中产生的，从趋势里我们才能看到那种迫切性，真正明白自己应该做些什么。

二氧化碳的存在历史

地球从形成开始就含有二氧化碳，在漫漫几亿年的时光里，其含量基本上是恒定的，总是处在增加和损耗的动态的平衡状态中。数据分析表明，大气中二氧化碳的含量有80%是来自人类、动物和植物的呼吸作用，20%来自燃烧过程。

空气中的二氧化碳有 75% 被海洋、湖泊及河流中的水包括雨水所吸收。此外，还有 5% 的二氧化碳通过植物的光合作用被转化为有机质，这也是为什么几亿年来空气中二氧化碳的比例 0.03% 一直保持不变的原因。

二氧化碳含量的快速增多

但是随着工业的快速发展以及人口的急剧增长，生成和进入大气中的二氧化碳迅速增多。另外，对煤炭、石油和天然气的燃烧呈几何级的上升，再加上对森林资源的肆意砍伐，降低了对二氧化碳的转化率，这都导致了其含量比例的迅速升高。

在过去的 200 年里，二氧化碳浓度提升了 25%，到了 2010 年，大气中二氧化碳浓度达到了 0.0391%，这也是地球历史上曾经达到的最高值。而且，地球表面的平均温度也相应上升了 0.5℃，甚至还在持续升高。

二氧化碳的未来变化趋势

科学家估计，按照现在的人类社会发展趋势，如果不实施有效的抑制措施的话，地球上二氧化碳的含量将会继续增加，每增加一倍就会导致平均气温提升 1.5℃～4.5℃，两极地区升温会更加明显，将比平均温度升高 3 倍。

这种大幅度的升温将会使两极地区的冰层融化，使海平面上升，侵占人类赖以生存的耕地，对人类的未来发展产生严重的威胁。这些问题已经引起各国政府和社会的普遍关注，并积极制定政策和措施来进行应对和治理。

二氧化碳都有哪些危害?

二氧化碳是一种气态的化合物，其化学式是 CO_2，一个二氧化碳分子是由一个碳原子和两个氧原子化合生成的。它是空气中最为常见的温室气体，常温下没有颜色、没有味道，也是不可燃的惰性气体，其密度大于空气，和水能够反应生成碳酸。

二氧化碳虽然是植物光合作用的必需原料，它的增加有助于作物生长。但是，其过多排放的危害性要远远大于它的益处。比如，产生温室效应让全球气温普遍升高，加速土地沙漠化，升高海平面，还会增加病虫害，刺激人的呼吸中枢，导致中毒状况发生等。

二氧化碳增多加剧温室效应

二氧化碳快速增加的最直接负面影响，就是导致温室效应的加剧。因为二氧化碳是温室气体最主要的组成部分，它能够大量吸收来自地表的热量，阻止热量散发到太空中，就像温室大棚的覆盖薄膜一样把地球包裹起来。

这样的直接后果就是地球表面的平均温度不断升高，不仅导致夏季更为炎热难耐，让人们的体表感受到更多不适，还会相继产生诸多后续影响，这种影响不可小觑，甚至有可能会威胁到人类生存。

二氧化碳增多的间接危害

二氧化碳增多导致温室效应加剧，其后续影响是多方面的。首先就是升高的气温会加剧土壤干旱和加快土地沙漠化的进程，人类的居住环境进一步恶化，并相应占据了更多耕地面积，世界粮食问题会变得更为严重。

同时，海平面也会因为极地冰川的融化而不断升高，不仅会占用更多人类可用陆地面积，让实际可耕地进一步缩小，还会导致异常气候，比如海洋风暴的产生。而且，极地冰川中冰封着古老的细菌，一旦解冻被释放出来，也将对人类健康造成巨大威胁。

二氧化碳增多对人体的影响

从生物反应上来看，空气中二氧化碳含量的增多会刺激人的呼吸中枢，让呼吸变得急促，进而引发头痛和昏厥等现象。二氧化碳的空气含量约为 0.03%，人类较为适应这种浓度，一旦超过这个范围，就有可能产生不同程度的中毒症状。

假如二氧化碳在相对封闭的空间里达到了 1% 的浓度，就会感觉心悸、头晕、气短，在达到 4% 时，就会有眩晕和头痛的感觉，如果达到了 10%，人体机能就会严重混乱，甚至丧失知觉，呼吸停止而死亡。

甲烷性质和应用都有哪些?

甲烷是一种在自然界普遍存在的物质，也是最简单的有机物之一，它是天然气和沼气的主要组成部分。甲烷俗称瓦斯，系统名叫作碳烷，它的分子式是 CH_4，每个甲烷分子由 1 个碳分子和 4 个氢分子组成。

2018 年，美国一实验室研究人员第一次证明甲烷是加剧地表温室效应的原因之一，因此需要人为地控制它的增长量。但甲烷本身也有一定功能，可作为燃料和化工原料广泛地应用在工业和民用产业中。

甲烷的物理化学性质

甲烷是没有颜色、没有味道的可燃气体，具有一定毒性，它和空气的重量比为 0.54，比空气的质量大约轻一半。甲烷有着较小的溶解度，在 20℃，0.1 千帕的环境下，100 单位的水只可以融掉 3 单位的甲烷。

甲烷在燃烧时发出明亮的蓝色火焰，有时也会偏绿，这是由于甲烷在玻璃导管中燃烧，玻璃中含有钠元素，自身会产生黄色火焰，当黄色和甲烷燃烧的蓝色混合时就会显现出绿色。甲烷被加热后会分解为炭黑和氢气，炭黑可作为橡胶工业的原料来使用。

甲烷的温室效应

甲烷含量的增多也是温室效应加剧的原因之一，因为甲烷是温室气体的重要组成部分，它吸收地表散发出的长波辐射，把热量保留在大气层内，减少热量向外层空间的散发，从而使地球表面的平均温度也相应提升。

根据研究表明，21 世纪初之前，大气中甲烷的含量还一直比较稳定，对温室效应的影响也没有那么明显。可是这种相对稳定的局面从 2007 年开始被打破，甲烷在大气中的比例快速上升，导致温室效应加剧。

甲烷的主要应用

甲烷是天然气的主要成分，是一种十分重要、应用很广的燃料。它可以被用于热水器和燃气炉的热值测试标准燃料。在高温下，甲烷被分解形成炭黑，可以用于油墨、颜料、油漆或是橡胶的添加剂等。它也是制造乙炔、一氧化碳、氢和甲醛等物质的原料。它还被作为太阳能电池和非晶硅膜气相化学沉积的碳源。另外，把甲烷经过氯化作用，还可以得到一氯甲烷、二氯甲烷、三氯甲烷及四氯甲烷等。

甲烷都有哪些排放源？

因人类自身活动而产生的温室气体中，甲烷对温室效应的影响仅仅低于二氧化碳。与二氧化碳相比，尽管甲烷在大气中存在的时间较短，但由人类释放出的甲烷数量在全部甲烷释放量中占据了很大的比重。

根据测算，全世界每年因为人类活动释放出的甲烷数量为 375Mt（兆吨），而由大自然释放的甲烷量只有区区 160Mt。可见甲烷的排放源里大部分都是人为因素，考察这些排放源的具体情况，有助于我们有针对性地进行分析和治理，进而有效减少大气中甲烷的含量。

石油天然气工业和煤炭开采

石油与天然气的生产与使用都会释放甲烷物质，具体来讲主要包括油田气的直接排放和点燃火炬，以及传输过程中的压缩作用等。很多学者也在致力于减少石油天然气开采过程中甲烷释放量的研究，以期达到有效的降低效果。

在煤矿挖掘和开采的过程中，也会有很多甲烷被释放出来，开采出每吨煤所释放出的甲烷量可达 200 立方米。在煤炭开采的全部过程中，煤炭上吸附的甲烷会向大气中释放。排放甲烷最多的环节是井工开采，这也是减排的重要关注点所在。

固体废物堆存和污水处理

固体废弃物的降解过程也是释放甲烷的主要途径，因而废弃物本身的性质和其存放形式也决定了释放甲烷的数量。通常来说，焚烧是直接减少固定废弃物发生降解并产生甲烷的一种办法，它可减少存放固体废弃物的占地费用，可以说是一种行之有效的途径。

在处理污水过程中所产生的甲烷里，工业污水生产的量要远远大于生活污水生产的量，发展中国家处理过程要比发达国家释放更多甲烷。这就说明污水处理过程还有着非常大的改进潜力，如果措施得当，可以大大降低其排放量。

水稻种植和反刍家畜

稻田土壤中的有机质在发生厌氧降解的过程中会形成甲烷，针对此，可以灵活选择较为适合的水稻品种来实现甲烷的大幅度减排。也可尝试将一般使用较多的有机肥改为无机肥，或是改变灌溉模式，这都是行之有效的方法。

反刍动物在吃下食物后进行肠内发酵的时候也会产生大量甲烷气体，包括其粪便中也会产生甲烷。对此，可通过在饲料上做文章，改变其材质，使其更容易被消化。这样一来，不光甲烷得到控制，还能够提升家畜的成长速度。

一氧化二氮有哪些相关知识？

一氧化二氮是一种没有颜色、有甜味的气体氧化剂，分子式为 N_2O，一个一氧化二氮分子由两个氮原子与一个氧原子组成。它在室温下较为稳定，可以支持燃烧，它也被称为“笑气”，因为它可以致人发笑。

一氧化二氮能起到一定的麻醉作用，这是英国化学家戴维在 1799 年发现的，他和朋友柯尔律治以及罗伯特 · 骚塞一起对这种气体进行试验。他们发现了其特殊的麻醉效果，就是既能缓解疼痛，还能让人保持清醒，非常适合牙病的医治。

一氧化二氮的应用

一氧化二氮可以作为助燃剂来使用，运用氮氧加速系统的车辆将这种气体送入引擎之后，会在热力作用下分解为氧气和氮气，让发动机燃烧率得到提升，加快车辆速度。其中分解出来的氧气是助燃的主要动力，能加速燃料的燃烧。

另外，一氧化二氮还能够当作火箭氧化剂来使用，跟其他氧化剂比，它的优势是无毒、稳定性强、更容易存储且安全性能高。在医学上，一氧化二氮也作为辅助的麻醉剂来使用。在食品工业上作为发泡剂和密封剂来使用。

一氧化二氮的管理

在对一氧化二氮进行操作时，一定要保持很好的通风环境，由经过严格培训过的人员遵循规范守则进行操作。并且远离任何火源和热源，避免接触还原剂。搬运的时候要小心谨慎，防止碰撞和破损。

在对一氧化二氮进行运输时，要给运输用的钢瓶戴上安全帽，并将钢瓶朝向一个方向平放，高度要低于车辆的护栏，并且固定好防止滚动。在夏天的时候，要尽量避免暴晒式运输。对其进行报废处理时，应严格按照国家相关法规执行。

一氧化二氮的温室效应

在《京都协议书》中，一氧化二氮是所列举的其中一种具有引发温室效应的温室气体，是加剧全球变暖的因素之一。这种气体在大气中会留存较长时间，并可以到达平流层，对臭氧层造成破坏，导致臭氧空洞的产生，导致人体以及其他生物体被紫外线直接照射，损坏免疫系统。

空气中一氧化二氮虽然含量较二氧化碳低很多，但它的增温效果却远远大于后者，是二氧化碳增温潜力的 298 倍。可以预见的是，一氧化二氮在未来对温室效应的影响将越来越显著，这也引起了各界普遍的关注。

氟氯烃都有什么相关知识？

氟氯烃又被叫作氟利昂，学名为二氯二氟甲烷，英文名为 Freon，是美国杜邦公司所注册的制冷剂商标。它是一种没有颜色、没有味道或者略带味道、没有毒素或者略带毒素的气体和易挥发性液体，具有比较稳定的化学性质。

二氯二氟甲烷这类制冷剂对臭氧层有着较为严重的破坏作用，现如今，有的臭氧层空洞已经十分巨大，甚至超过非洲的总面积，因而这种制冷剂现在已经遭到一定的限制性使用。氟氯烃的另一个负面作用即温室效应。

氟氯烃的物理化学性质

氟氯烃在正常温度下呈现气态或者液态，是透明无色的，导电属性较低，容易液化。它几乎不会溶解于水，容易溶解于冷冻油。不过一旦进入高温状态，氟氯烃就会从冷冻油中分离出来。

氟氯烃的化学性质和它不同的分子形式有关，即与其中的氯、氟和氢原子的数目有关。它的毒性一般较低，或者没有毒性。可燃性取决于其中的氢原子数目，氢原子减少则可燃性降低，稳定性增加。

氟氯烃的主要用途

氟氯烃主要是作为发泡剂、制冷剂和清洗剂来使用的，较广泛地运用于日用化学品、消防器材、家用电器、汽车和泡沫塑料等用品领域中。

对于制冷剂来说，由不同的化学结构组成的氟氯烃其效果大相径庭，有适用于低温、中温和高温的各色制冷机，来应对不同的环境需求。其制冷系统包含了高压、低压、油路和融霜系统，压缩机的选择要以制冷机负荷为主要参考对象。

氟氯烃的环境危害

在氟氯烃系列中，要数氟氯烃类产品对臭氧层的损害最大，其可能在大气中存在数百年之久，因此其长久留存在对流层中，在这里它们是相对稳定的。可是上升到平流层时，就会被分解出氯原子，同臭氧共同作用，其连锁式反应的伤害是巨大的，一个氟氯烃分子可以破坏十万个臭氧分子。

温室效应是氟氯烃可能造成的另一个危害，它们所引起的温室效应甚至超过了二氧化碳的作用。如果不加以控制，在这些温室气体的共同作用下，根据科学家的预测，到2050年时，将有很多沿海城市被海洋所淹没。

臭氧层破坏后会有什么危害?

臭氧层破坏也被称为“臭氧层枯竭”，具体指在地球表面的高空密集聚集着的臭氧分子被破坏和消耗，从而变得较为稀薄的现象。臭氧层一般聚集在距地表 10 ~ 50 千米的范围里，尤其在 25 千米距离处密度最大，结成约 3 毫米厚的臭氧层，吸收和阻挡紫外线的辐射。

臭氧层好像是地球的保护伞，将过多的紫外线屏蔽在外层，并把能量储存在大气上层，调节地表的温度。假如臭氧层被严重破坏，紫外线就会没有阻挡地直接到达地表，给人体健康造成极大威胁，并影响地球温度的稳定性，生态平衡也会深受影响。

臭氧层破坏的原因

随着工业的快速发展，化石能源被大量燃烧，过量二氧化碳等温室气体被排入大气，另外，人们还产出大量的氟氯昂作为制冷剂、喷雾剂和除臭剂来使用。根据有关部门统计，1973 年一年里就有 480 万吨氟氯昂被生产和使用，大部分都被释放进了大气层中。

氟氯昂在大气的对流层中是相对稳定的，但一旦进入臭氧层，就会和臭氧分子发生反应并消耗掉臭氧，使其在大气层中的密度降低。随着时间推移，这种现象会呈现出越来越严重的趋势，已经引起了各界人士的普遍关注。

臭氧层破坏的危害

臭氧层一旦受到破坏，紫外线辐射将会畅通无阻地直接到达地面，让人类的健康受到威胁。根据科学家测算，假如臭氧总量降低 1%，人的肿瘤发病率就会提升 2%，患白内障的概率会提升 0.2% ~ 0.6%。

地球温度也会受到影响，导致环境发生异常，农业受损，生态也遭受损害。根据科学家的计算，氟氯昂中释放出的一个氯原子就能破坏几万个臭氧分子，其破坏力是惊人的。保护臭氧层已经迫在眉睫。

保护臭氧层人人有责

臭氧层和人类的命运如此息息相关，而人类却不知道珍惜和保护，或者说保护意识十分淡薄。20世纪90年代有一部电影叫《大气层消失》，讲的就是对臭氧层破坏的忧虑，并呼吁社会加强保护意识。

直到今天，因为宣传力度不到位，民众对保护臭氧层的概念知晓并不普及。这就需要每一个人积极行动起来，宣传和鼓励他人做好力所能及的事情，为节能减排尽一份力，为保护人类赖以生存的臭氧层贡献力量。

什么是三十六项日常生活行为的节能减排潜力量化指标?

为了促进我们的全民节能减排战略，相关部门对全民节能减排潜力量化指标进行了针对性的研究。他们选取了我们日常行动里的衣、食、住、行、用和其他方面的共计三十六项行为，如果对每一项都能细致研究，就会从中发现巨大的节能减排的潜力。

有关专家发现，假如每个人都能积极投入节能减排的实践中来，并遵循三十六项行动量化指标的话，那么每年将可以节能达7700万吨标准煤的能量，碳排放减少达2亿吨。三十六项行动量化指标是指什么，概括如下。

衣食方面的量化指标

衣着方面，包括少买不需要穿的衣服，每件衣服从原料生产到成衣制作，都需要消耗大量能源，少买一件衣服等于节省了大量碳排放。另外要降低宾馆里的床单换洗次数，少换洗一次，可以减少大量能源消耗。还有就是尽量采用节能的方法洗衣服。

饮食方面，首先就是要节约粮食，减少浪费。我国有着巨大的人口基数，每人少浪费一粒粮食，汇聚到一起是非常可观的数目。另外还要减少畜产品的浪费，尽量少吃肉。对吸烟喝酒的行为也要着重控制。

住行方面的量化指标

住的方向，首先在装修上尽量节俭，这一项的支出和耗费通常是巨大的，积极在农村推广节能砖的使用。另外在空调的使用上要注意控制，多调高一摄氏度，可以节省大量资源。并且在采暖、照明上都要尽量节省。

出行方面，尽量减少私家车的出行，用更为节能的骑行或步行来代替。购车尽量选择小排量或者新能源动力汽车。对于车辆要勤于保养，提高其能效，有效减少碳排放。

用和其他方面的量化指标

使用方面，尽量减少对塑料袋的使用，用可以重复利用的布袋子来代替，拒绝使用一次性筷子。上下楼尽量走楼梯，少乘用电梯。在使用电脑、电视和电冰箱时注意节能。注意对水资源的节省，用太阳能烧水，用节能方式做饭，尽量不浪费纸张。

拒绝过度包装的商品，积极协助对城市垃圾的回收工作。夜晚的时候把户外景观霓虹灯及时关闭，减少电能浪费。在农村大力推行沼气池的利用，并鼓励全民植树行动。

如何进行低碳着装？

在社会经济迅速发展的今天，人们的物质生活水平也快速提高，大部分人已经解决了温饱问题，开始追求更高层次的精神需求。穿衣着装也成了大家在工作学习之余主要的关注点之一，爱美之心人皆有之，大家都希望自己呈现出更多美感。

可是，这种对外在美的追求有时候容易过头或者跑偏，即过于追求款式多样和奇异化，却不考虑那种浪费可能给环境带来的负担和影响。低碳着装是每个人都要积极去践行的，把它当成每个公民应尽的义务去履行，以此来维护和保持我们的公共环境。

提高低碳着装的觉悟

要有建立低碳着装的觉悟，首先要认识到低碳着装的必要性和紧迫性，拿一条涤纶裤子为例，如果原料在台湾生产，运到印尼进行成衣制作，然后送到美国出售，假定可以穿两年，共洗涤 90 次，然后用烘干机烘干，再用两分钟时间熨烫，算在一起要消耗能量约200千瓦时，相当于排放了二氧化碳47千克，这个数字是十分惊人的。

看到了如此触目惊心的数字后，我们也许就能自然而然地对低碳着装重视起来，这里可能要稍微牺牲一些自己对个性美的追寻，而是向朴素、简约的着装路线靠拢。

低碳服装的内涵

所谓“低碳着装”，就是在面料、加工和原料等方面尽力使用低碳制造的服装，或者是采用低碳排放工艺制作的服装，或者是购买相应的碳排放补偿的公司制作的服装。我们在购买服装时，要优先选择环保料子，设计上简单便宜的。

比如，在面料上，棉麻这类天然织物就不像人工合成的化纤面料，因而消耗更少的能源，而且释放更少的污染物。根据研究表明，纯棉的服装在从其生产开始到结束，要排放相当于其自身重量28倍的二氧化碳。

低碳着装的一些建议

在选购低碳服装时，最好选择浅色、图案少的衣服，这样的服装本身所使用的化学添加剂较少，更为环保，对环境和人体都有益处。而且，尽量不要选择那些所谓抗皱、防水或者免烫的衣服，一般这些附加功能也都是靠添加的化学物质来实现的。

同时，我们要尽量减少服装的件数，只要够四季换洗就可以了。如果有时间最好自己手洗衣服，节省洗衣机的电能。另外，不妨尽量减少烘干的次数，使用自然日光晾干，也能够节省不少能源。

如何进行低碳饮食?

低碳水化合物的食品就是低碳食物，低碳饮食即要严格控制碳水化合物的摄取量，提升蛋白质与脂肪的摄入。该理念是由一位美国医生于1972年首次提出的。

假如我们主动限制对碳水化合物的摄入，人体会在缺少外界碳水化合物补充的情况下，从自身寻找相应的营养原料，从而消耗掉多余的脂肪。这种饮食方法不仅控制了食物的量，节制了能量摄入，还让身体内营养得到更多平衡。同时，这种饮食方式还可以通过低碳排放起到保护环境的效果，可谓一举两得。

低碳饮食保护环境

根据科学家的研究和分析，在低碳饮食的指引下，一个人假如每年少吃 500 克猪肉，就可以节约大概 280 克标准煤，等于减少排放 700 克二氧化碳。那么按照中国人口来计算，每人每年少食用一斤猪肉，所减少的二氧化碳的排放量是相当可观的。

用对比的方式来考察就更为鲜明了，食用 1 千克牛肉相当于排放了 36.5 千克二氧化碳，而食用相同质量的蔬菜，仅仅排放出前者二氧化碳数量的 1/9，差异立现，低碳饮食确实能为温室效应的缓解带来帮助。

低碳饮食保护健康

低碳饮食最直接的益处还体现在它对人体健康的助益上，现在的生活越来越优裕，食物里所含的热量也越来越多，很容易让人形成肥胖体质，成为亚健康人群。主动选择低碳食品可以有效减肥，让身体中脂肪的转化和消耗更有效果。

人的体重虽然不是越轻越好，可是保持一个健康而苗条的身材不仅美观，而且可以让疾病远离我们。相关研究发现，降低碳水化合物的摄取数量，可以让体内胰岛素的形成显著降低，有效预防糖尿病等慢性疾病。

低碳饮食的基本原则

低碳饮食有一些基本原则可供参考，比如尽量少吃主食，包括米饭、馒头和面包等含有较多碳水化合物的食品。中午和晚上要吃一些蔬菜和含有蛋白质的食物。晚上 9 点以后不要进餐，只喝一些白水即可。

每天不要同时摄入肉类和鱼类海鲜，一顿饭吃一种蛋白质食物就足够了。另外，尽量少喝浓浓的汤汁，里面含有大量热量和营养物质。而且，要尽量避免吃一些虽然口感佳，但十分不利于健康的油炸、油煎、裹粉类食品，最好多吃一些蒸煮食物。

如何进行低碳居住？

除了食物和着装，居住是人们最为基本的生活需要，也是当前在普遍解决了温饱以后，大家最为关注的热点问题。但当下普遍趋势是追求宽大的住房、高档的装修和多功能的家用电器，虽然确实可以带来较为舒适的居住体验，但却给环境带来了巨大负荷和压力。

相关数据表明，在碳排放的总数里，竟然有 30% 是来自建筑行业的原料和生产过程中所产生的废料，还没有算上装修这一部分的碳产出。因此，低碳居住对于环境改善的潜力是巨大的，它包含施工建造的低碳、住房选择的低碳和居住方式的低碳三个范畴。

居所建造的低碳式选择

居所建造时的低碳，即在建筑的施工建设过程中，使用较为环保友好型材料，运用排碳量较低项目运行过程，减少对化石能源的消耗，尽量使用可再生能源，力图尽力降低二氧化碳的排放量，减少对环境的损害和污染。

这也包括室内装修的过程，要尽量使用无污染和无刺激的室内涂料，减少对人体的危害和对环境的潜在威胁，给居所的使用者一个健康、舒适又安全的居住空间。这是低碳居住最为基础的层次，也是贡献减排最直接、规模最大的层次。

购房理念上的革新

如果说居所建设的低碳理念是物质上的准备，是客观上的低碳行为的话，那么群众在居住理念上的革新则是主观上的选择，是低碳实施是否能够到位的决定方面。因此市场的走向，房屋的建造风格，大都是由消费者的需求所带动的。

如果能够积极摒弃过去那种大居室、高档次的居住追求，转而乐享简约、实用的温馨小住宅，不仅可以减少巨大的资金投入，减轻自己的生活负担，而且能够为绿色环境贡献不菲的力量。这需要全社会的共同努力，去塑造一个充满正能量居住观念的世界。

居住方式上的低碳化

除了树立绿色的购房观念和居所建设上的简约化、低碳化，人们在居住的实际过程中也要尽量秉持低碳消耗的原则，主动使用功耗较低的家用电器。冬天的热水器不用时要及时关闭，夏天尽量用电风扇来代替空调，减少能源的消耗。

只有在理念和行动上取得一致，坚持以简单绿色为基本原则，大力施行低碳居住模式。就可以为环境改善和可持续发展贡献一部分力量，当这些零散的力量汇聚起来时，就宛如万条支流汇入大海，呈现出异常强大的环保力量。

如何进行低碳出行?

低碳出行，从名字就可以看出，所谓“低碳出行”就是在外出过程中，对包括交通乘用方式、旅馆居住条件、行李的携带等方面都奉行节能减排的低碳环保方式。这样的出行给环境带来的影响最小，同时还为自己节省了出行成本，是一举两得的好事。

提倡低碳出行是我国新时期社会可持续发展的重要经济战略之一。尤其在现在人们的商务出行和旅游出行越来越频繁的状况下，从一点一滴节省出行能耗，汇聚起来就是一笔十分可观的绿色节能数据，这将为地球环境和人类健康做出巨大贡献。

低碳出行的发展历程

其实，低碳出行这种理念并不是近几年才出现的，九寨沟等一些景点早已不允许机动车的驶入，而只能靠电瓶车来代步。这些景区之所以能够常年保持自身的青山绿水本色，也和它们很早施行绿色低碳管理不无关系。

在全社会节能减排的迫切需求下，政府也相应出台了一些政策来引导旅游业向着绿色、健康、可持续化发展，督促无论是出行人员还是接待人员都要积极践行绿色低碳的消费理念，使用低排放量的交通方式，住低碳型旅馆，为绿化和环保尽自己的一份力。

低碳出行的三个关注点

低碳出行是我国经济可持续发展战略的重要一环，包括三个关键点。一是要改变现在的出行模式，大力提倡乘坐公共交通，包括多使用电动车、自行车和混合动力汽车等，让出行变得更为丰富多彩。二是要借节能减排之势，改变现在的奢靡风气，强调绿色、简约的出行风格。三是在大力宣传低碳出行的同时，加快对交通智能化的革新速度，让节能减排在结构上得到提升和增强，在科学技术的辅助下增强对环境的改进与保持力度。

低碳出行的相关技巧

低碳出行的相关技巧包括以下几方面。首先在出行之前做好计划，充分而有条理的提前安排可以让出行更为从容，而不会因为突然的忙乱，不得不选择昂贵而消耗大的交通工具。行李的准备一定要简约轻便，去除不必要的外包装，尽量减少浪费和对环境的污染。

如果有接待方，要积极同对方沟通，选择较为经济环保的旅馆，杜绝不必要的浪费。另外，最好自行携带洗漱用品，避免使用排放量更多的一次性用具。在洗澡和用水时注意节约，用电也尽量节省。

如何进行低碳工作？

低碳工作是指对涉及人的工作方面的相关过程进行低碳化处理。众所周知，在人类所有的活动里，工作占重要比例，人通过劳动来改造世界，因此对大部分人来说工作都是不可或缺的事情。让工作低碳化，将是节能减排战役成功的关键点。

工作在人类活动中的普遍化，也决定了其复杂程度，因此在低碳工作这个概念上至少包含了三个层次。第一个层次就在于工作介质的低碳使用，第二个层次是工作环境的绿色节能，第三个层次是低碳工作目标与设计。

工作介质的低碳使用

工作介质也就是我们在工作的过程中所借助的工具与器材，比如办公室里普遍使用的打印机，常常是最为繁忙的。在多媒体应用越来越成熟的今天，根本不用把所有资料都打印成纸，省下来的一张张纸，就等于被砍下来的一棵棵树。

除了一般办公耗材以外，那些办公室常设用具，比如桌椅板凳、电话、电脑、投影仪等，也不妨都按照绿色节能的标准来统一采购。原则就是舒适即可，不用太追求高档雅致，不仅能够节省办公成本，还为低碳排放做出了贡献。

工作环节的绿色节能

除了工作介质，工作环节上的低碳节能也有着非常大的潜力可挖。比如说当下网络条件十分先进，很多交流程序都可以通过网络沟通软件来远程完成，这也省去了人们远途奔波出差的辛苦，节省了人力与成本，还减少了大量碳排放。

另外就是工作过程的革新，传统等级森严的层级式关系结构，严重拖延办事节奏，等于变相增加了资源消耗。随着科技的发展，这种传统的办公结构正在逐渐被先进的网络式关系结构所取代。在新的工作空间里，每个人都可以直接与需要沟通的人进行交流，大大减少了能量的浪费，直接实现了低碳工作。

低碳工作目标与设计

最高一个层级的低碳工作就是面向未来设计绿色工作对象，也就是说，将纯粹经济导向的工作设计转化为为了实现经济与社会效益相统一的新目标。这实际上就是从根本上对工作本身进行革新，让低碳成为工作的一个目的，工作过程也就是绿化的过程。

由此可见，低碳工作是需要大家从思维上进行彻底更新的理念，而不仅仅做数量级的改善。只有大家从本质上让我们的工作方向符合节能减排的要求，和绿色环保的路线保持一致，才能从根本上发挥低碳工作的效果，为环境保护做出贡献。

如何进行低碳娱乐?

现在大多数人都生活富足，衣食无缺，那么人们的需求等级也就自然上升，开始在娱乐方面追寻人生的快乐与幸福。这本是无可厚非的，寻求乐趣本就是生命意义的一部分，但是不宜消耗过大。

这里说的消耗是和娱乐相关的各种能量消费，比如出行、饮食和其他能源的耗费等。太大的消耗不仅浪费了社会资源，加重了碳排放程度，还让自己白白损耗很多金钱，让自身精神也疲惫不堪，可谓百害无一利。

低碳娱乐的出行节省

可能因为现在大家的工作压力都很大，天天被憋在办公室里，一旦有了假期便都想出去走走，这本是放松身心的好事。可关键是注意适度消费，不一定非要坐飞机来个云南五日游，不妨在城市周边骑行转一转，这样也是可以让身心得到畅意的娱乐。

有些公司喜欢搞团建时做得声势浩大，动辄组团飞往拉萨瞻仰圣地，虽然很有面子，却浪费了大量能源，加大了碳排放。其实还不如就组织员工在周边一起跑跑步来个远足，不仅放松大脑，还锻炼身体，何乐而不为。

低碳娱乐的饮食节省

说到娱乐，除了旅游，就是吃吃喝喝了。饮食行为总是在我们的娱乐活动中占有很大的份额，这其实没什么不妥，关键是要注意度。有的人喜欢开越野车拉着锅碗瓢盆到野外野炊，虽然氛围热闹，却浪费了汽油，增加了排放量。

所以，娱乐时不要把饮食作为重点，可以多搞一些精神性更强的活动，比如去逛逛书店，累了在步行街吃些小吃，也不失为开心愉快的行程。

低碳娱乐的行为节省

除了出行和吃喝，还有就是玩游戏、看电视之类的活动了，虽然这些娱乐方式也非常放松身心，可是它们要消耗一定的电能，而且对眼睛不好。不如邀请几个好友一起下下棋、玩玩桌游之类，不仅节省能源，还益智健脑。

总之，低碳娱乐讲究的是较少的感官享受，较多的精神愉悦，只要心静，随便拿起一本书来都可以自我享受一天。建议在进行娱乐活动时，不要太讲究形式的华丽，而是从内容上陶冶自我，从心灵上得到真正的娱乐。

第七章
可再生能源的应用

随着传统的化石能源被大量消耗，环境被严重破坏，这种高污染的能源运用模式已经越来越不被看好。全世界都在积极探索和开发可再生能源，它们不仅取之不尽用之不竭，而且清洁无污染，确实是理想的能源开发对象。受科技水平的限制，可再生能源的开发利用还不是很成熟，不过未来有很大的潜力，也可以成为我们为之奋斗的目标。

可再生能源的知识有哪些？

能源分为非再生能源和可再生能源两大类，非再生能源即需要亿万年自然合成，非短期内能够恢复可用状态的物质，比如石油、天然气、煤炭和核物质等。可再生能源就是能够不断在自然环境下反复再生、循环和被利用的对象。

可再生能源在理论上来说是取之不尽的，它们的自我补充是不受其他人类活动参与和影响的。可再生能源包括太阳能、潮汐能、水能、生物质、风能和地热能等，相对来说，它们是取之不竭的能源，而且绿色环保，所以，应当加大运用的力度，为人类造福。

大力运用可再生能源的缘由

非再生能源总有枯竭的时候，而且对环境污染较为严重，使用可再生能源是大势所趋，大部分可再生能源是不会排放二氧化碳等温室气体的，比方说太阳能、水能和风能等，因而利用它们的过程中不会加剧温室效应。

尽管可再生能源拥有环境友好与取之不竭两大优势，不过，技术是一直限制人类对其大力开发的瓶颈。因为发展可再生能源通常都需要先进的科技，随着科学的日新月异，可再生能源的开发力度也将不断加大。

我国运用可再生能源的现状

我们国家地大物博，可供开发的可再生能源十分丰富，但因为历史的原因，对于传统化石能源的依赖还较为严重，对可再生能源开发的比例还处于较低水平。虽然起点较低，但国家正不遗余力地大力开发可再生能源，并取得了不菲的成果。

这种开发是系统性的，国家出台了相应的配套政策，成立了针对各种能源利用领域的标准化委员会，全面支持新能源利用事业的成体系发展。并且对可再生能源本身的经济性提出很高要求，而不是仅仅考虑节能环保的要求。

当下利用可再生能源的问题

资金问题是目前运用可再生能源的主要障碍，比方说在运用风力和光伏发电的一些企业就面临着资金亏损的现实问题，只依靠补贴而进行自身经济效益的改善，就很难得到良性的循环发展。

这就需要依靠技术方面的革新，提升可再生能源的经济性，降低建造和运营维护方面的成本。这里的关键点是提升对能源的有效利用率，让经济效益从根本上得到提升，切实解决新能源的发展和利用问题，改善自然环境，为人民的生活造福。

人类利用能源的历史进程是怎样的?

人类从很早就开始积极利用身边的资源，来满足温饱并改善生活。人类各个时期运用能源的特征是与当时的生产力发展水平息息相关的，人通过劳动改造大自然，探寻其中可被加以利用的成分，享受其益处的同时也反过来受着大自然的报复。

总体来说，人类利用能源的历史进程可被分为三个阶段，分别是广泛使用植物和木材等一次能源的农业社会时期、主要利用煤和石油快速发展的机械工业时期，以及从 20 世纪中叶到现在的开发利用各种新能源的新工业时期。

农业社会对能源的运用

人类从有历史记录开始，就在漫长的农业社会发展过程中一步步走过，有三四千年的历史，在这期间，主要运用的就是植物和木材这样的一次能源，而人力和畜力则在对食物的消耗中转化而来，属于二次能源。

为了取得耕地和采暖的需要，人类大量砍伐森林获取木材资源，严重破坏了地球植被，导致地表生态失衡。在再生速度较慢的木材资源呈现枯竭状况的时候，农业社会的资源危机问题也浮出了水面。

工业社会对能源的运用

煤被人类所利用的时期实际上早于工业社会，在木材资源出现危机的情况下，才不得不使用开采难度较大的煤炭资源。在 18、19 世纪的工业革命之后，工业发展日新月异，人类对能源的利用发生了结构上的革新，煤炭也逐渐成了主流能源。

发展到 19 世纪中叶的时候，石油的出现和运用又是能源运用的另一次革新。它逐渐被应用于车辆和飞机的燃料，以及火力发电等重要用途，用后来居上的势头超过了煤炭成为 20 世纪的第一资源。但是过度开采和使用也导致了石油资源危机和环境的巨大伤害。

新工业时期对能源的利用

21 世纪，人类开始了新工业革命，表现为科学技术的巨大飞升，从对核能的有效利用开始，不断积极地对可再生清洁能源进行开发和运用。在考虑资源的可再生性、可长期应用性的基础上，寻找更为清洁与环保的能源。

目前，人类正在加大对太阳能、风能、潮汐能、地热能、水能和生物质能等这些可再生且相对低排放的能源的开发和利用力度，能源的运用也呈现出更为丰富和多样的发展趋势，这些都为人类的可持续发展打下了坚实的基础。

能源的相关知识都有哪些?

能源就是可以为外界供应能量的资源，包括电能、机械能、热能、光能和化学能等。它是可以直接或经过转换为人类提供所需的光、热和动力等任一形式能量的载体资源。它是国民经济的重要基础，制约着国家的未来命运。

能源这个概念在古代是无人问津的，是工业革命和石油危机把它推到了历史舞台的中央，成了关注的焦点。在过去的 100 年里，人类对能源进行了大肆取用和挥霍，造成了能源危机的同时，还极大地破坏了生态环境，人类自身也因此尝到了自己种下的苦果。

中国的能源需求竞争

改革开放至今，中国已从过去的双边利益，演化为多边利益；从过去强调对抗能源格局，逐渐演化为重视合作、协同发展的扩大化发展。

金融危机给了中国突破西方国家垄断阵营的机会，并获取更多优质的资源。另外，中国积极面对全球对能源要求的矛盾，在能源领域释放更多正能量。

中国能源发展的启示

能源发展要靠科技的进步和政策的引导，提升能源效率，走上高效率应用和清洁化利用的道路。在很长的一段时间里，中国以煤为主要资源的格局很难改变，中国的能源消耗构成与全球的差异还将保持。

即便如此，中国还是积极从外国先进的能源运用经验里寻找灵感，并应用到我国的能源格局中。让能源的供应更为多元化和市场化，并积极加强和主要能源供应国与消费国的沟通合作，让能源交流渠道更为丰富。

未来的替代性能源

未来的替代性能源包括生物能源，它是运用生物质作为原料，在汽化、气体收集以及燃烧等过程作用下形成生物能源。如果操作适当，生物能源也能被作为珍贵的清洁资源来利用。

另外，各种可再生新能源也正在被积极开发和利用，像太阳能、风能、氢能、生物质能、海洋能和核能等。其实名目繁多的能源开发只是量变的过程，未来人类理念的重大革新将会是能源取得突破的核心方向。

能源的分类都有哪些?

能源的分类是繁多的，而且在不断地被探索与开发的过程中，越来越多的新型能源相继被纳入适用性行列。因此，可以说能源的分类是不一而足的，根据不同的视角去观照，能源就可以被按照不同的类别去划分。

通常来说，能源可以按照来源、产生、性质、污染、使用、形态、商品与非商品，以及再生与非再生这些关键词来划分。那么，具体来讲又是怎样的呢?

按照来源划分的分类

按照来源分的话，可大致分为三种。首先是来自地球外天体的能源，主要是通过太阳能的辐射主导产生的，并辅助形成了水能、风能、生物能和矿物能等。事实上，人类可以获取的能源大部分来自太阳，甚至整个地壳的地貌都是在太阳辐射下间接塑造的。

其次就是地球内部蕴含的能源，一般来讲是指地球的地壳内部的热源以及涉及原子反应的能源，比较有代表性的就是地热能和核能，其中地热能是蕴藏储量非常巨大的能源。另外还有地球与其他天体相作用形成的能源，比如潮汐能。

按照产生划分的分类

按能源的产生情况来分的话，可以分为一次能源与二次能源。一次能源也就是天然能源，即原本就存在于地球上的能源，比如煤、天然气、石油和水资源等。又可被细分为可再生能源和非可再生能源。

二次能源是指一次能源经过加工过程转换过来的能源产品，比方说煤气、电能、石油制品以及蒸汽能等。

按能源性质划分的分类

按能源性质可以划分为燃料型能源和非燃料型能源。前者包括石油、煤炭、木材以及泥炭等资源。燃料型能源是人类利用最早的能源，钻木取火就是这个过程的伊始。但是燃料型能源因为过大的消耗和巨大的污染，正逐步让位于清洁的可再生新能源。

而非燃料型能源包括风能、水能、海洋能和地热能。这些都是可再生能源，需要较高的科技和工艺手段来对它们进行开发和利用，但其回报无论在经济效益和社会效益上都是后劲十足、后来居上，拥有着更为美好的前景。

煤炭的相关知识都有什么？

煤炭是一种非可再生能源，是在地壳中经过亿万年的生物、化学合成过程而形成的。它常常被人们赞颂为黑金，是工业发展的基础，在18世纪工业革命刚开始的时候，可谓起了顶梁柱的作用。

在新能源和清洁能源被广泛运用的今天，煤炭似乎失去了昔日的风采，甚至被人嫌弃，认为它对环境污染过于严重，性价比不高。但是，煤炭仍是人类不可或缺的资源之一，关系着国计民生的方方面面，也影响着我们社会生活的稳定。

煤炭的应用范围

煤炭被应用在很多方面，主要分为三个用途。首先是作为动力使用，用于发电、蒸汽机车、建材用煤、工业锅炉、生活用煤以及冶金用煤等。另外作为炼焦煤来使用，多用于炼钢，被誉为钢铁工业的粮食。

中国煤炭资源总量和焦炭出口量都居世界前列。焦炭的国际市场总是供不应求，在 2004 年，中国出口的焦炭量约占全球贸易总量的 56%，大大缓解了国际需求。这也说明煤炭的功用还远远没有到结束的时候，仍会长期为人类服务。

煤炭在开采时的环境污染

煤炭大多数是地下矿井开采，这样必定会出现地表塌陷，其面积甚至要大于开采面积的一倍，容易引起积水和土地盐渍化的现象，对土壤破坏极为严重。除此之外，还会因为开采过程中浪费大量水资源而造成水资源污染等问题。

煤炭开采还会引起一定的大气污染，因为在开采过程中煤层中的大量有害气体都会被释放到地表，不仅容易加剧温室效应，甚至还会导致酸雨的产生。而且，一种叫煤矸石的固体废物也会在开采时产生，会占用大量土地，甚至产生自燃从而释放有毒气体。

防治污染的具体措施

说起防治污染的具体措施，首先要严格立法，用规范来约束煤炭开采过程，并整合监督和执法的有关力量，提升对环境的保护力度。在具体应对措施上，要综合预防地面塌陷、边坡失稳和泥石流等灾害。积极优化采煤工艺，进一步完善煤炭开采技术，降低其对环境的污染和危害。

煤炭开采也在提倡环保型发展，更多地考虑煤矿清洁生产，创新清洁生产技术。并对开采出的煤矸石废料进行综合应用，包括瓦斯气体，不仅能够减少空气污染，预防事故，还可以节省大量能源，一举两得。

石油命名的由来是什么？

石油是一种液态的混合有机物质，状态黏稠，呈深褐色，被叫作工业的血液。它的主要成分有芳香烃、环烷烃和烷烃。对于石油的可再生性，有两种学说，一种认为其可再生，另一种认为其为不可再生资源，目前后一种观点被更为广泛地接受。

石油的功用主要是被制成燃油和汽油来作为燃料使用，它也是很多化工产品的原料。石油虽然是传统的化石能源，其燃烧会释放很多废气污染环境，但暂时还没有一种新能源可以完全取代它，石油还将在很长一段时间里被作为主要能源来使用。

石油的利用史

在很早的时候，四大文明古国就有了采集沥青用于建筑和装饰等用途的历史。远古的时候还利用石油的燃烧性来作战，19 世纪时欧洲已开始使用煤油灯，并开始成规模地开采石油。

中国是最早探索和利用石油的国家之一，东汉的班固在其文章里记录了石油的可燃性，之后西晋和唐朝的一些文字里也提到了石油这种物质的存在。之后，对于石油的利用中国却落到了后面，裹足不前，以致受到西方侵略者的欺凌。

给石油命名的人

对于石油的工业化利用大大晚于西方列强的中国，恰恰抚育了那位最早给石油命名的人，他就是沈括。他生在宋朝，非常博学，喜欢探索和研究，在很多方面都颇有建树，留下了一本叫作《梦溪笔谈》的著作。

当初他在延州做官时，看到流着泉水的沙子地那里会冒出黑色的液体，当地人称其为“脂水”，可以燃烧用来照明。沈括是一位非常有悟性的人，当时就断言这东西将来必定会大有用处。他把这种液体命名为“石油”，并写在了《梦溪笔谈》中。

石油资源的世界分布

世界上已探明的石油储量里，中东地区占了大部分，约占全球总储量的 60%，正因为这里的寸土寸金，也招致了如今因资源争夺引起的连年战火，这也从侧面证明了石油在当今社会的价值。

另外，美洲的委内瑞拉和加拿大也占有相当多的储量，两个国家共拥有全球储量的 1/4。俄罗斯和利比亚也拥有大量石油储备。中国其实也拥有潜在的石油储备，只是因为开采难度较大，受技术和成本的制约，目前还未大量开采。

风能的相关知识都有什么？

风能是空气流动所形成的能量，也是太阳能转化来的一种能量。因为太阳能辐射在地球高低不平的表面上，导致受热不均衡，在水平气压梯度作用下，流动的空气也就形成了风。风能的储量非常可观，也是一种可再生的无污染能源。

对于风能的运用是一种较为综合的工程性科技，利用风力将其动能转化为热能、电能和机械能等。风能利用的缺点主要来自其不稳定性，因此采集效率较低，需要较高的科技和工艺支持。

人类对风能的利用

公元前，古代人民就已经有了利用风力的记载，运用风能来灌溉、提水或是推动风帆开船等。风能一直备受青睐，荷兰的风车也是历史长河中的一道亮丽的风景线。之后工业革命的兴起才让风力的运用放缓了脚步。

直到 20 世纪石油危机出现后，风能又作为替代性能源进入了人们关注的视野里。美国在 1974 年开始运作大型风能项目，如今全球最大的新型风力发电机组已在夏威夷落成并运行。我国在 2010 年全面超过美国的风力发电产能，成为全球最大的风能发电输出国。

风能自身的特点

风能是一种不产生污染的绿色环保的能源，也是取之不竭的可再生能源。随着科技的进步，风能相关设备在批量生产后其成本已大为降低，使得风能发电的经济效益已经超过了其他类型发电机组。风力发电设施本身也具有不影响周围环境和生态的特点。

风能的不足之处来自其较为不稳定的特性，因此在产生能量的时候其输出功率也非常不稳定。另外风能被转换为其他形式能量时的转换率不高，对科技和工艺的要求比较严格。而现在不太成熟的风力运用设备也是其继续发展的瓶颈。

风能的发展态势

根据权威机构的报告显示，世界风力发电正进入了一个快速发展的时期，风能产业将会以每年 20% 的增量扩张。各国政府积极出台各种补贴和鼓励措施以及支持性政策来促进风力事业的发展。

据分析，美洲和亚洲将会成为未来最具增长潜力的风力开发区域。尤其在中国，风能发电机组的装机容量会呈现 30% 的年增长率。同时，印度的风力开发速度也非常快。德国的风力发电规模在欧洲处于领先地位，预计在 2050 年将实现占总发电量 50% 的目标。

海洋能的相关知识都有什么？

海洋能是指海中蕴含的可再生能源，海洋本身受到地球自转和月球的引力作用，会接受、存储和散发一些能量，并通过波浪能、潮汐能、盐差能和温差能的形式表现出来。因为它可以被无限循环利用而不会出现污染，因此也是具有开发潜力的一种新能源。

人们利用海洋能，一般是运用科技手段和工艺方法把其蕴含的能量转化为电能或者其他形式的能源。中国有着漫长而曲折的海岸线，利用海洋能的潜力很大，而且，因为海岸线周围离内陆较远，一般缺少能源供应，而合理开发海洋能正好可以弥补这一缺点。

海洋能作用的具体形式

海洋能的作用形式包括波浪能、潮汐能、盐差能和温差能等。潮汐能是地月相对运行时产生的引力所带动的能源，其强度与潮汐的落差与潮头数量密切相关，主要被用于发电。而波浪能则是由风力所带动的能量，并被转化为波浪所传送出的机械能。

温差能是指海洋的表层海水与深层海水间的温差产生的能量，也是海洋能的重要部分。它主要被用来发电，缺点为效率较低，人们仍在探索提升效率的方法。盐差能是指海洋的表层和深层之间盐度的差异产生的化学电位差能量，是一种化学能。

海洋能的特点

海洋的总面积约占整个地球表面的70%，这也决定了海洋能蕴藏量的巨大，可以说是取之不尽的可再生资源。之所以这么说是因为，海洋能是太阳辐射与天体引力相互作用的结果，只要太阳系存在，海洋能就不会枯竭。

海洋能包含稳定的能源和不稳定的能源，较为稳定的包括盐差能、温差能和海流能，不太稳定的包括潮汐能、潮流能和波浪能。基于此，在开发利用它们的时候就需要运用较为特殊的方案和工艺手段，对科技水平的要求也较高。

海洋能利用的现状

相对其他能源来说，海洋能被开发利用的程度还非常低，主要原因是开发海洋能成本较高，缺乏经济效益，而且相应科技水平也远远没有跟上。但很多国家正在积极投入力量加大对海洋能的开发利用。

根据联合国教科文组织的研究报告，全世界海洋能具有非常庞大的可再生量，利用潜力十分可观，尽管目前我们利用海洋能的成本投入很高，经济收益仍存在不足。但是海洋能利用的前景是广阔的，亟待我们去探索。

太阳能的相关知识都有什么？

太阳能是太阳这个位于太阳系中心的恒星所散发出的热辐射能，主要的作用方式就是我们俗话说的太阳光线，目前主要被用于发电和热水器能源。从古至今，太阳能早已默默地为人类服务，比如晒干衣物、制盐和制作食物等。

虽然太阳本身也有寿命，但科学测算那将是几十亿年以后的事情，因此太阳能可以称得上永不枯竭的再生能源。而且，利用太阳能不会产生任何污染和排放，是一种绝对清洁的能源。同时，风能、水能和化学能也都可以被称为广义上的太阳能。

太阳能的基本特征

太阳能利用的优势在于，它首先是一种普遍的资源，不受地域的限制，而且不需要运输过程。它是绝对清洁无害的，没有碳排放，也没有污染源，这一点在现今污染严重的环境下更为弥足珍贵。

太阳能的潜在能量是巨大无比的，按照每年到达地球表面的能源计算，总量超过任何一种资源，排名第一。而且，太阳能是取之不竭的，根据科学家的研究，太阳要比地球的寿命还长，从这一点来分析，这种能源确实是永不枯竭的。

太阳能的应用领域

当前人类对太阳能的运用还处于较初级阶段，存在着能量转换率较低、投入成本较高的缺点。但太阳能毕竟是可再生又清洁的能源，还是要不遗余力地开发它的潜力，具体包括运用光热效用把太阳辐射收集起来，最为常用的热量收集装置为平板集热器、真空管集热器以及陶瓷集热器等。

太阳能发电也是一个重要的且规模较大的运用领域，主要包括光—热—点的转换和光—电的转换两种模式。另外还可通过光化利用将水直接分解为氢，这种转换就是通过物质对光辐射的吸收而转化为化学能的过程。

太阳能的开发现状

中国处于北温带，享受着太阳光的常年关怀，有着巨大的太阳能开发前景。目前国内的太阳能相关产业规模已达全球首位，也是全世界对太阳能热水器的生产和使用数量最大的国家。同时，中国对太阳能光伏电池的生产也位居前列。

从世界范围来看，太阳能运用相关科技也发生着日新月异的变化，20世纪末的20年间，硅半导体光电池发电成本已经从50美元降低至5美元。而要想让太阳能发电在经济效益上超过传统的火电站，其成本还需要再降低才可以。

生物能源的相关知识都有什么？

生物能源是指以农业和林业产生的废物资源，包括工业废物资源，以及城市垃圾等为原料，并添加助燃剂、木炭粉和黏合油剂等合成的。它包括生物制氢、沼气、燃料乙醇和生物柴油等。

生物能源也被叫作“绿色能源”，是从生物质得到的能源，是被人类最早利用的能源之一。因为其载体是有机物，是以实物形式存在，所以，它是唯一可以被储存和运输的可再生能源。它的分布较为广泛，在利用上不受太多限制。

生物能源的特点

生物能源污染小，可再生，有其得天独厚的优势，具体有如下特点：它在燃烧过程中产生较小的污染，因为其排放的二氧化碳可被等量生长的植物吸收，实现守恒式零排放。另外生物能源蕴藏量极大，而且可在光合作用下自然再生。

生物能源广泛存在，易于获取，运用过程非常简单。它还是唯一可被存储和运输的可再生能源，便于其进一步地加工与转换。生物能源热效率高，使用后产生的废物少，让后续清洁工作更容易进行。

生物能源的类型

生物能源可以分为如下类别。首先是农业和林业的废弃物，包括谷物、根茎作物以及甘蔗作物的残留物，其次是木质制品的废弃物。最后是有机污水，主要指富含有机物质的废水，包括从农业、工业以及生活中产生的污水。

畜禽粪便也是一种生物能源，主要作为沼气的发酵原料来使用。另外随着城市化进程的快速增长，城市垃圾也呈几何级增长。垃圾的构成成分较为复杂，主要受当地居民的生活方式、生活水平以及季节更迭等各因素的影响。

制约生物能源开发的因素

在提倡大力发展生物能源的同时，也有一些因素制约生物能源发展。首先是生物能源要占用一些粮食用地，尤其是以粮食为原料生产的生物能源，在缺粮地区很难开展。其次生物能源开发需要一定的技术支持，与传统能源体系有一定的冲突。最后生物能源在性价比上缺乏竞争力，另外也缺少足够的法律及政策的配套支持，处于孤军作战的境地。因此，生物能源的开发仍然任重道远，需要理性地对待它，冷静分析当前问题，让它为我们的节能减排任务服务。

地热能的相关知识都有什么?

地热能是从地壳中抽取的天然热能，这些能量是发自地壳内部的熔岩，以热力形式存在，也是导致火山爆发以及地震的直接原因。地球内部空间是庞大的，相对来说地表仅仅是很薄的一层。地球内部能达到高达7000℃的高温，可谓能源的宝藏。

地热能可以被直接取用，是清洁可再生的能源，十分合乎成本效益。地热能受它本身地域的限制，需要处于一定地热分布带的区域才可以使用，但是考虑到它巨大的经济和社会效益，同样受到了各国政府的广泛重视。

地热能在世界上的分布

地热能一般分布于底层板块的边缘区域，那里同样是火山活动比较频繁的地方。全球地热资源主要分布在以下几个区域，具体分布如下。

第一个区域是环太平洋地热带，即太平洋板块与欧亚、美洲和印度板块接触的区域。第二个区域是地中海和喜马拉雅地热带，从意大利延伸到中国的滇藏地区。第三个区域是大西洋中脊地热带，位于大西洋板块的开裂区域。第四个区域是东非大裂谷、亚丁湾和红海地热带，主要位于非洲中部。还有一些其他地热带，广泛分布于世界各地。

地热被利用的领域

低热主要被用来发电，其原理和火力发电相同，都是运用蒸汽热能转化为机械能带动发电机发电的过程。不过，地热省去了锅炉的建造和燃料的消耗，直接取用地热的热力。它包括蒸汽型地热发电和热水型地热发电。

地热还可以用于供暖，利用起来简单方便，经济性很强，受到各国尤其是高寒带国家的重视。另外地热也可以运用到农业上来，比如使用温度较为适合的地热水进行灌溉，可以起到催熟增产的效果。还有的地方运用地热进行人体理疗，也很受患者欢迎。

地热能的发展趋势

在欧洲和美国，普通家庭尝试运用一种叫热力泵的器具来进行家庭供暖。它能够节约电量，降低电费支出。地热泵本身持久耐用，一台设备可以用长达 50 年之久。另外，地热泵还具有低噪声和低维护成本等优势。

由此可见，地热能不仅可以被政府等大型机构进行工程化利用，也能够为普通老百姓带来直接利益。开发地热能可以为节能减排做出巨大推动作用，是需要我们积极去开发和利用的领域。

水能的相关知识都有什么？

水能是一种清洁的绿色能源，具体是指水体在自然流动中产生的动能、势能和压力能等。水能是可再生的，是自然界通过水体循环自然而然产生的能量。它主要用于水力发电，把那些川流不息的水所产生的能量收集起来为我们服务。

开发水力资源能同时对河道的治理产生积极影响，可以促进能源消耗结构的改善，减少对煤炭和石油资源的依赖，降低环境和大气的污染。基于此，全球各国都将水资源的开发利用放在资源开发的优先地位来对待。

水力发电的原理

在有落差的地形中，水会在重力作用下产生势能。水力发电即从河道或者水库的较高水位处引导水体流向低水位处，让水的动能和压力对水轮机产生冲击力，在旋转过程中将水的运动能转化成为机械能，机械能就可以让发电机旋转，从而形成电能。

流到低水位的水体会在自然蒸发和循环中重新恢复和补充高水位的水体，从而完成再生过程，这虽然是一个很长的过程，但是因为地球表面水体每时每刻都进行着自我循环，人的感官感觉不到它们的变化。

水力发电的特点

相比之下，水力发电的成本是低廉的，因为它使用的是不用付钱的水资源，回收成本的速度也快，而且水是干净的能源，不产生传统火电站的大量污染和温室气体。水电厂还具有防洪、养殖与航运的功能，而且维护上只需要传统火电厂 1/3 的人力。

不过，水电厂的建造受地域和水文特征影响比较大，有一定的开发限制，另外还会受到一定的气候方面的影响。在建设水电站的过程中，免不了要对当地的生态造成很大的影响，而且当地居民也要离开家乡，搬到新的家园居住，这都是不可忽视的负面影响。

水资源利用的展望

根据我国对水资源的运用状况，相关人士认为应对水资源的运用制订综合计划，要着眼整个流域进行整体开发，做到更为合理、科学、带有全局性观点的运用。要坚持国家政策意见中的“开发中保护，保护中开发”的原则。

因为水和我们的生命息息相关，开发水力资源尤其要考量经济与社会综合效益的全局化工程。在开发过程中，对于环境保护要给予更多重视，让人与自然更加和谐地共同发展。并充分向国外学习先进经验，吸取他们的建设与维护经验，为建设可持续发展社会而努力。